ECONÔMICOS

OBRAS COMPLETAS DE ARISTÓTELES
COORDENAÇÃO DE ANTÓNIO PEDRO MESQUITA

ECONÔMICOS
Volume VII – Tomo 2

Introdução, notas e tradução do original grego e latino
Delfim F. Leão

Obra originalmente publicada pela Imprensa Nacional – Casa da Moeda, no quadro do projeto de tradução anotada das Obras completas de Aristóteles, promovido e coordenado pelo Centro de Filosofia da Universidade de Lisboa e subsidiado pela Fundação para a Ciência e Tecnologia.

Copyright © 2004, Centro de Filosofia da Universidade de Lisboa e Imprensa Nacional Casa da Moeda, Lisboa, Portugal
Copyright © 2011, Editora WMF Martins Fontes Ltda., São Paulo, para a presente edição.

1ª edição 2011
2ª tiragem 2022

Tradução
DELFIM F. LEÃO

Transliteração do grego
Zélia de Almeida Cardoso
Acompanhamento editorial e preparação
Luzia Aparecida dos Santos
Revisões
Marisa Rosa Teixeira
Helena Guimarães Bittencourt
Produção gráfica
Geraldo Alves
Paginação
Studio 3 Desenvolvimento Editorial
Capa
Katia Harumi Terasaka Aniya

Dados Internacionais de Catalogação na Publicação (CIP)
(Câmara Brasileira do Livro, SP, Brasil)

Aristóteles
  Econômicos / obras de Aristóteles ; introdução, notas e tradução do original grego e latino Delfim F. Leão. – São Paulo : Editora WMF Martins Fontes, 2011. – (Coleção obras completas de Aristóteles)

  Bibliografia.
  ISBN 978-85-7827-397-2

  1. Aristóteles – Crítica e interpretação 2. Economia 3. Filosofia antiga I. Título. II. Série.

11-02672   CDD-185

Índices para catálogo sistemático:
1. Aristóteles : Obras filosóficas   185
2. Filosofia aristotélica   185

Todos os direitos desta edição reservados à
Editora WMF Martins Fontes Ltda.
Rua Prof. Laerte Ramos de Carvalho, 133 01325.030 São Paulo SP Brasil
Tel. (11) 3293.8150 e-mail: info@wmfmartinsfontes.com.br
http://www.wmfmartinsfontes.com.br

ÍNDICE GERAL

Introdução por D. F. Leão VII
LIVRO I.. 3
LIVRO II 17
LIVRO III... 53
Glossário 67
Índice onomástico 75

INTRODUÇÃO

1. A discussão em torno da análise econômica

Ao longo do século XX, assistiu-se a um debate animado entre os estudiosos da economia, no qual, a par de outras coisas, se discutia se os gregos já teriam ou não consciência das implicações daquele conceito, com a abrangência e a importância que atualmente se lhe reconhece. De fato, o termo possui origem grega, já que *oikonomía* é um composto de *oîkos*, que significa "casa, propriedade, lar" (envolvendo não apenas o espaço físico, mas também as pessoas que o habitam e a atividade que nele desenvolvem), e da raiz semântica *nem-*, que aqui assume o sentido de "regular, organizar, administrar". Por conseguinte, "economia" é, antes de mais, a "administração da casa", cuja condução deve obedecer a determinados princípios, capazes de garantir sua perenidade e bem-estar. Foi essa noção de economia que dominou as reflexões teóricas sobre o assunto até meados do século XVIII, época em que os estudiosos franceses começaram a falar de *l'économie politique*, ainda com predominância da dimensão política do fenômeno, até que, com o aumento das reflexões teóricas sobre o comércio, a moeda e a relação entre despesas e receitas globais, se foi cimentando a noção de "economia" no sentido especializado de ciência ligada ao entendimento da riqueza das nações[1]. Até esse período, a obra que servia de modelo à abordagem tradicional era o *Económico* de Xenofonte, produzido na primeira metade do século IV a.C. Esse livro, escrito na forma de diálogo socrático, funciona como uma espécie de manual de administração para o aristocrata proprietário de terras. Embora possua informações de caráter mais prático, que incidem em especial na área da agronomia, o trabalho acaba por ter, antes de mais, uma natureza ética, dada a abundância de considerações sobre a melhor forma de orientar a vida e os bens, sobre as qualidades necessárias à administração e ao trato com os escravos e ainda sobre as virtudes femininas e o relacionamento entre esposos. Como adiante veremos, essa concepção de economia e a provável influência da obra de Xenofonte podem igualmente detectar-se nos *Económicos* atribuídos a Aristóteles.

A despeito do título do opúsculo cuja tradução agora apresentamos, a verdade é que raramente aparecem referências demoradas a esta obra ao longo do debate em torno da economia antiga. Isso parece acontecer por duas razões: em primeiro lugar, porque o trabalho de Xenofonte constitui um exemplo muito mais significativo da abordagem tradicional, que, conforme referimos, serviu de modelo durante séculos; em segundo, porque as reflexões feitas nos *Económicos* são, apesar de tudo, bastante menos fecundas do que as apresentadas no Livro V da *Ética nicomaqueia* e no Livro I da *Política*. Ainda assim, na abertura do Livro II, surpreende-se uma tentativa, ainda que limitada na sua formulação e alcance, de delinear um enquadramento geral da economia, fato que deveria bastar, pela sua raridade, para justificar uma reflexão mais atenta sobre o tratado[2].

---

[1] *Vide* Finley (1973), 17-21.

[2] Finley (1973), 20-1, chama a atenção para esta tentativa de classificação da economia, acentuando não só sua banalidade intrínseca, mas também o fato de ser um caso isolado na Antiguidade; embora paradigmática do juí-

Antes dos trabalhos de Aristóteles agora mencionados, sobre os quais faremos uma análise mais demorada embora necessariamente limitada, importa referir também que a literatura grega já conhecia uma tradição muito antiga de obras que, de alguma forma, abordavam questões ligadas à gestão de recursos, sobretudo na sua acepção mais clássica[3]. Assim acontece com os *Trabalhos e os dias*, de Hesíodo, que, com o seu pendor gnômico e didático, acabam por veicular noções úteis ligadas à administração doméstica e familiar. No contexto da Guerra do Peloponeso e dos seus antecedentes, Tucídides fornece também elementos importantes para a compreensão da história econômica da Grécia, em particular a de Esparta e Atenas[4]. Platão, ao descrever a cidade ideal, não deixa de tratar igualmente aspectos ligados ao problema em análise, num misto de abstração ideológica permeada por aspectos da experiência factual[5]. Xenofonte, além do *Econômico*, já referido, é também autor de um tratado com o nome de *Póroi* [recursos], que discute medidas que permitiriam à região da Ática produzir proventos suplementares e criar, desse modo, condições para que os cidadãos tivessem uma vida mais aprazível. As medidas passavam, essencialmente, por estimular a entrada de impostos indiretos, através do aumento do número de metecos e do consequente reforço da atividade comercial no Pireu, e ainda pela exploração mais intensiva das minas de prata de Láurion.

No entanto, à parte estes e outros contributos menores, as obras em que o problema da economia conhece uma

---

zo depreciativo geralmente partilhado pelos estudiosos em relação a esta obra, tal afirmação peca por algum excesso em ambas as formulações, conforme procuraremos demonstrar.

[3] Para uma visão mais ampla desse tipo de literatura, *vide* Van Groningen-Wartelle (1968), VII-XI; Thillet (1969), 563-4; García Valdés (1984), 231-3; Rodrigues (2003); Migeotte (2009), 33-6.

[4] E.g. I.2-20; II.7-13.

[5] *República* (Livros IV-VII); *Leis* (Livros IV-VIII).

abordagem teórica mais profunda são a *Ética nicomaqueia* e a *Política*, de Aristóteles. Ainda assim, Finley, num artigo justamente célebre, nega que o Estagirita chegue a fazer uma análise do fenômeno econômico, dado que suas observações acabavam por manter-se no limiar da apreciação ética daquela atividade, não chegando, por conseguinte, a haver um real exame das regras e mecanismos que assistem à prática das transações comerciais[6]. A despeito dessa afirmação de um dos maiores especialistas da área, valerá a pena evocar rapidamente alguns aspectos da abordagem aristotélica[7].

O Livro V da *Ética nicomaqueia* diz respeito à justiça. O capítulo quinto, que interessa mais diretamente para essa questão, abre com uma crítica breve à perspectiva pitagórica de que a justiça em geral é recíproca (V.5.1132b21-31). No entanto, nas comunidades mais amplas do que o agregado familiar, onde há uma divisão de tarefas por especialidade e a transação de bens assume uma função necessária, a justiça depende, precisamente, da reciprocidade (*tò antipeponthós*), que assenta, por sua vez, na proporção (*analogía*) e não na igualdade (*isótes*) entre os bens transacionados[8]. A união e a justiça dentro da *pólis* dependem, por conseguin-

---

[6] Desta apreciação, que fez escola, decorre um longo rol de estudos, repartidos entre apoiantes e críticos, cuja evocação nos dispensamos de fazer neste momento. O trabalho em questão foi apresentado inicialmente com o título de "Aristotle and economic analysis", *P&P* 47 (1970), sendo republicado depois em *Studies in Ancient Society* (Londres, 1974), obra que conheceu múltiplas traduções em outras línguas. Pela nossa parte, servimo-nos da versão francesa (Paris, 1984), que tem a vantagem de trazer um suplemento bibliográfico (291-2) relativo às principais reflexões marcadas pela análise de Finley.

[7] Nesta breve sinopse da questão, seguimos alguns dos aspectos evocados por Moreau (1969) e Meikle (1979). Este último trabalho representa uma das críticas mais cerradas à perspectiva de Finley. Em Meikle (1995), estudo resultante de uma série de reflexões entretanto feitas pelo autor, o problema do pensamento econômico de Aristóteles é ponderado novamente, de maneira mais profunda e sistemática. Para uma introdução recente à especificidade da economia no mundo antigo, *vide* Migeotte (2009).

[8] Cf. V.8.1132b31-4.

te, do fato de cada pessoa receber na mesma proporção daquilo que entrega. Surge, contudo, um problema na altura de apreciar produtos especificamente diferentes, que até podem ter um valor distinto, como acontece com os ofícios de arquiteto, sapateiro, médico e agricultor (V.5.1133a7-18). Por esse motivo, é forçoso que exista uma forma de estabelecer a comensurabilidade de serviços e bens diversos entre si. Para responder a essa dificuldade, surge a moeda (*nómisma*), que desempenha o papel de intermediário e permite, por exemplo, estabelecer a proporção entre um par de sapatos, uma casa e determinado alimento (V.5.1133a18-24). No entanto, a comensurabilidade não depende propriamente da moeda (que é apenas uma unidade de medida), mas antes da utilidade ou necessidade (*khreía*) do produto, que determina a dimensão comensurável e constitui o elo de ligação entre todos os bens a transacionar (V.5.1133a25-8). Em consequência, a moeda é a representação convencional da necessidade (V.5.1133a28-31) e funciona como garantia futura de um serviço ou de um bem, permitindo assim estabelecer o preço correto e assegurar a justiça na transação[9].

Nos capítulos iniciais do Livro I da *Política*, Aristóteles começa por estabelecer que a família e a *pólis* são duas formas naturais de associação entre os seres humanos e analisa também algumas consequências dessa associação, como as relações de domínio e sujeição (em especial as existentes entre mestre e escravo). Discute, depois, as diferenças entre a "arte de adquirir" (*khrematistiké*) e a "arte de dirigir uma

---

[9] O caráter convencional da moeda encontra-se atestado, aos olhos de Aristóteles, pela própria manipulação a que pode ser sujeita. De resto, na *Constituição dos atenienses* (10.1-2), é dado o exemplo objetivo da reforma metrológica efetuada por Sólon, se bem que não seja segura a existência de moeda em Atenas, num período tão recuado. Em todo o caso e à parte a realidade histórica, o fenômeno não deixava de estar identificado. *Vide* observações de Moreau (1969), 361-2. Meikle (1979), 61, acusa Finley de, na sua análise, não ter apreendido a importância central que a comensurabilidade detém nesta passagem.

casa" (*oikonomiké*), argumentando que são princípios distintos, pois um diz respeito à aquisição de bens e o outro à sua utilização[10]. Com esse pano de fundo, chegamos ao capítulo nono, que detém um interesse mais direto para a presente discussão. Nele, Aristóteles volta a falar da moeda e dos diferentes tipos de transação, mas numa perspectiva bastante diferente da explorada na *Ética nicomaqueia*. O Estagirita começa por analisar as relações sociais de permuta no quadro das evoluções sucessivas que foram conhecendo e procura discutir o objetivo ou função (*télos, érgon*) de cada uma e a forma como se articulam com o objetivo da comunidade (*koinonía*). Afirma ainda que o fenômeno da troca se gera do fato natural (*ek toû katà phýsin*) de umas pessoas terem mais e outras menos do que aquilo de que necessitam (I.9.1257a13-7). Feitas estas observações preliminares, passa aos diferentes tipos de transação.

Ora, a primeira é a permuta sem mediação da moeda, isto é, a troca direta de um produto por outro produto. Contudo, essa forma de transação torna-se premente apenas quando a comunidade cresce, pois não é perceptível enquanto a associação se encontra ao nível mais restrito da família. Dado que a troca direta de bens produzidos existe para satisfazer as necessidades decorrentes da autossuficiência (*tês katà phýsin autarkeías*), seu objetivo não é, portanto, contrário à natureza (I.9.1257a19-30).

O segundo tipo é apresentado como desenvolvimento lógico do anterior (I.9.1257a30) e corresponde à introdução da moeda (*nómisma*), em resposta à necessidade (*anánke*) de facilitar a transação, à medida que esta se complica, nomeadamente com operações de importação e exportação

---

[10] Cf. I.8.1256a1-13. A crematística assenta na raiz *khréma* ("coisa que se usa ou de que se necessita"), cujo plural (*khrémata*) significa "bens, propriedade". Para Aristóteles, é importante distinguir entre o sentido geral de crematística como "arte de adquirir" e o significado restrito (e também mais usual em grego) de "arte de produzir dinheiro", distinção que adiante retomaremos. *Vide* Finley (1984), 278-9.

de produtos (I.9.1257a31-41). Dessa forma, a moeda, enquanto convenção aceita por ambas as partes, assume o papel de intermediário e permite trocar um produto por moeda (venda) e trocar a moeda por outro produto (compra). Em consequência, não está muito distante da troca direta, ao servir também o objetivo de suprir as necessidades naturais[11].

No entanto, a evolução granjeada com a introdução da moeda parece levar inevitavelmente ao desenvolvimento do comércio a retalho (*tò kapelikón, kapeliké*), que representa a forma negativa da crematística enquanto modo de aquisição de riqueza. De fato, assim que a experiência permite alcançar uma sofisticação maior (*tekhnikóteron*), a mediação da moeda já não é usada somente para vender o que se produziu e comprar aquilo de que se necessita, mas antes para comprar e vender em seguida, com o intuito de obter certa margem de lucro a expensas de outros (I.9.1257b1-5; 1258b1--2). Ora, a busca desse tipo de riqueza é ilimitada (*ápeiros*), pois, enquanto as anteriores formas encontravam seu objetivo (*télos*) na satisfação da necessidade natural, a *kapelike* conduz a tentativas constantes de buscar a riqueza na sua máxima expressão (I.9.1257b21-30). Por oposição a essa forma de crematística, que visa a acumulação, aquela que se liga à administração da casa (*oikonomiké khrematistiké*) é defensável porque conhece um limite (I.9.1257b30-8)[12].

O quarto e mais censurável tipo de transação é o que procura criar dinheiro a partir do próprio dinheiro, isto é, através do juro (*tókos*) auferido pelo usurário. Uma vez que o dinheiro foi instituído para facilitar a transação de produtos, esta será a evolução mais contrária à natureza, entre as diferentes formas de adquirir riqueza (I.10.1258b2-8). Tan-

---

[11] Esta leitura é autorizada pela aceitação, em termos éticos, do uso natural do dinheiro no processo de transação (I.10.1258b4), que, como tal, se afigura "necessário e recomendável" (I.10.1258a40). Sobre as reflexões de Aristóteles relativamente à necessidade do comércio exterior, *vide* Bresson (1987).

[12] Sobre a noção do limite natural e a regulamentação dos preços, *vide* Lowry (1974).

to esse quarto estádio como o anterior (diretamente ligados à prática da *kapeliké*) encontravam-se ausentes na passagem da *Ética nicomaqueia*, que começamos por evocar, pois o tema central ali tratado tinha que ver com a comensurabilidade dos produtos (indispensável à troca de bens), e não com as evoluções internas das formas de transação[13].

Em suma: apesar da inegável perspectiva ética que assiste a essas reflexões de Aristóteles e tem motivado o ceticismo de alguns estudiosos, afigura-se legítimo defender que a conjugação da análise desses passos da *Ética nicomaqueia* e da *Política* denota, ainda assim, uma reflexão já bastante aprofundada sobre o fenômeno econômico, tanto no que diz respeito a mecanismos que assistiram a inovações importantes (introdução da moeda), como ainda à forma de entender a evolução da transação de bens e de serviços.

2. Autoria e datação dos *Econômicos*

Os *Econômicos* chegaram até nós integrados no *Corpus Aristotelicum*, e essa circunstância deve ter sido, em grande parte, um fator determinante para sua preservação, já que se trata de um opúsculo de valor relativamente modesto. Aliás, uma das primeiras dúvidas que assaltam os filólogos diz respeito, precisamente, à própria disparidade interna do tratado, que alimenta a dúvida, legítima, de questionar se os três livros que o constituem pertenceriam todos ao mesmo trabalho e se a ordem pela qual os apresentamos seria efetivamente a original. À semelhança do que fizeram já outros tradutores e editores dos *Econômicos*, também somos de opinião de que a discussão dessas e de outras questões sai facilitada se começarmos por colocá-las separadamente para cada um dos livros, antes de procurarmos uma resposta global. Seguiremos, portanto, esse trajeto, que nos permiti-

---

[13] *Vide* Meikle (1979), 64-6, que procura rebater as posições de Finley (1984), acima referidas.

rá fazer, igualmente, uma breve sinopse dos assuntos tratados no opúsculo.

2.1. Livro I

É o menor dos três livros e trata uma série de assuntos que deixam entrever a influência próxima do *Econômico* de Xenofonte. Antes de mais (I.1343a1-9), expõe as diferenças entre a administração da casa (*oikonomiké*) e a da cidade (*politiké*); uma vez que a *pólis* é constituída por casas, a *oikonomiké* será, por conseguinte, anterior à *politiké*. Em seguida (I.1343a10-b6), nota que a casa engloba o elemento humano e a propriedade material; refere, na continuação, o relacionamento que deve existir com a mulher, bem como as ocupações mais honrosas (agricultura, exploração mineira, trabalhos artesanais). A ligação entre homem e mulher, quer para assegurar a procriação, quer a busca do bem-estar, ocupa a seção seguinte (I.1343b7-1344a22). O tratamento a dispensar aos escravos, que constituem um tipo de propriedade muito importante, é também objeto de atenção (I.1344a23-b21). As responsabilidades do chefe de família na gestão doméstica (I.1344b22-1345a24), bem como a divisão das tarefas caseiras (I.1345a24-b3), ocupam a última parte deste livro.

Conforme já dissemos, a influência de Xenofonte afigura-se evidente e tem sido acentuado também um certo parentesco com a *Política*. De resto, Diógenes Laércio (5.22) informa que Aristóteles havia escrito um tratado *Perì oikonomías*, num só livro. No entanto, o nível de aprofundamento das questões não ajuda a sustentar a atribuição imediata ao Estagirita, embora o livro possa ser "aristotélico" no sentido de acusar a influência do filósofo, eventualmente por via direta. A conjugação desses fatores favorece uma datação no último quartel do século IV[14].

---

[14] Van Groningen-Wartelle (1968), XII, avançam apenas, com muitas reservas, uma data entre 325 e 275.

2.2. Livro II

Este livro tem um caráter bastante distinto dos restantes e encontra-se claramente dividido em duas partes. A primeira (II.1345b7-1346a31) está marcada pela exposição teórica e nela o autor do tratado procura delinear um enquadramento geral da economia, reconhecendo quatro variantes: *basiliké* (real); *satrapiké* (própria dos sátrapas); *politiké* (típica da cidade-Estado ou *pólis*); *idiotiké* (individual ou particular)[15]. É também nesta passagem que o termo *oikonomía* aparece pela primeira vez com um sentido próximo daquele que o caracterizará nas línguas modernas. Essa ocorrência, considerada, pelos estudiosos da economia antiga, um caso atípico e praticamente isolado[16], não deixa de encontrar alguns paralelos na epigrafia da Época Helenística. O exemplo mais elucidativo será o de uma inscrição originária de Halicarnasso, do século III a.C., na qual o termo é usado para designar não apenas as receitas da cidade (*prósodoi, póroi*), mas também as finanças no seu todo. Em outras palavras, *oikonomía* aparece como sinônimo da administração financeira e gestão da *pólis*, portanto com um sentido correspondente ao de *politikè oikonomía* na passagem dos *Econômicos* em análise[17]. Quanto às fontes literárias, se pusermos de lado os textos de Aristóteles em que a palavra vem utilizada, há uma passagem de Dinarco (I.97), num discurso escrito por volta de 324, que tem colhido a atenção dos estudiosos, se bem que nessa ocorrência (o plural *oiko-*

---

[15] Rostovtzeff (1972), I.440-6, usa esta passagem, bem como todo o Livro II, para tentar reconstituir a política econômica e financeira no tempo dos Selêucidas. Para o estudioso, o autor do tratado seria alguém provavelmente contemporâneo de Alexandre Magno ou então de um dos seus primeiros sucessores, vivendo, assim, no alvorecer de uma nova realidade política, econômica e social.
[16] *Vide* supra n. 2.
[17] *Vide* Ampolo (1979), 120-4, que alinha outras inscrições e sustenta (121) que *oikonomía* equivale ao termo *dioíkesis*, que, ao menos a partir de Licurgo, seria usado em Atenas para designar a gestão financeira da *pólis*.

nomíai) alguns tenham visto a marca da administração em matéria especificamente financeira e outros apenas a administração em geral[18]. Em todo o caso, afigura-se inegável que, em fins do século IV, o uso da palavra se houvesse estendido à esfera pública[19]. A segunda parte do Livro II é bastante mais longa (II.1346a32-1353b27) e descreve os artifícios vários de que se serviram alguns monarcas, governadores de províncias, chefes de exércitos e até cidades, com o intuito de conseguir juntar receitas extraordinárias em momentos de crise. A exposição segue, em traços gerais, uma linha cronológica e reúne exemplos que vão desde Cípselo de Corinto (século VII) até o tempo de Alexandre Magno. Por conseguinte, a conjugação desses elementos com o que se disse em relação ao uso do termo *oikonomía* aponta, igualmente, para uma data de composição por volta do último quartel do século IV. Por conseguinte, a cronologia não põe de lado a autoria aristotélica do tratado; no entanto, a ocorrência de mais de cem palavras que, só neste livro, são hápax no *corpus* do Estagirita[20], bem como o próprio caráter de catálogo de que esta seção se reveste, parecem autorizar de fato uma origem peripatética do tratado, mas feita através de algum aluno direto ou indireto de Aristóteles.

2.3. Livro III

A última parte do opúsculo coloca problemas diferentes dos anteriores, a começar pelo fato de não se conservar o original grego. De fato, o texto é conhecido apenas por traduções latinas medievais. A *translatio Durandi*, que é tal-

---

[18] Ampolo (1979), 123-4, e Finley (1984), 278-9, n. 51, constituem dois exemplos das diferentes leituras que o trecho motiva.
[19] Vide Migeotte (2009), 28.
[20] Cf. Thillet (1969), 565.

vez a mais antiga[21], apresenta o Livro III na sucessão imediata do I, sem que seja dada sequer a tradução do Livro II. Esse fato, que talvez seja apenas uma coincidência, não deixa, porém, de suscitar o problema da ordem relativa dos três livros, já que o assunto agora tratado parece vir na sucessão lógica das observações feitas no Livro I a propósito das relações entre marido e mulher. De fato, no Livro III discutem-se os deveres e sentimentos recíprocos do marido em relação à esposa e aos filhos e são tecidas ainda reflexões sobre as vantagens da fidelidade conjugal e da concórdia entre os esposos. Há, por conseguinte, um pendor ético, cujas delicadeza e elevação se encontram bastante distantes dos exemplos de pragmatismo político e dos artifícios financeiros alinhados ao longo do Livro II. Tudo isso parece convidar, portanto, a um arranjo diferente do opúsculo ou até à tentação de excluir o Livro II do conjunto. Ainda assim, a organização I-II-III evita o incômodo de ver uma versão latina colocada entre dois textos em grego, se bem que, em boa verdade, estejamos perante um falso problema, pois a tradução latina deriva seguramente de um original grego.

Dado que, em termos de datação relativa e de autoria, o Livro III nos coloca perante um cenário semelhante ao que analisamos anteriormente, será idêntica a solução que apresentaremos para o conjunto do opúsculo, apesar de ser em grande parte especulativa. Uma vez que nada parece obrigar a uma datação mais tardia, é provável que os *Econômicos* tenham sido escritos entre o último quartel do século IV e o primeiro do século III, sendo que a primeira hipótese se afigura melhor. A atribuição do tratado ao Estagirita é difícil de sustentar, razão pela qual será preferível identificar o autor como algum aluno do Liceu, influenciado quer pelas doutrinas do mestre, quer ainda pela obra de Xenofonte e pela prática de coleta de material desenvolvida no *Perípatos*.

---

[21] Sobre esta questão, *vide* Van Groningen-Wartelle (1968), XXI-XXVI.

3. Tradução e comentário

Para a tradução dos *Econômicos* que a seguir se apresenta, adotamos o texto de Van Groningen-Wartelle (1968), que nos serviu de guia também para boa parte do comentário. As vezes em que escolhemos outras leituras encontram-se expressas em nota de rodapé. O comentário ao texto visa fornecer uma base de entendimento mais ampla aos leitores que não estiverem tão familiarizados com a cultura clássica. Com esse intuito, evitamos, por princípio, entrar em questões de pormenor, que os eventuais interessados poderão encontrar em bibliografia mais específica. O mesmo objetivo de chegar a um público vasto levou-nos, igualmente, a transliterar* em caracteres latinos termos e expressões gregos que podem ser importantes para estudiosos de teoria política e econômica, direito e filosofia. É certo que a seleção dos vocábulos a transliterar comporta alguma dose de subjetividade, mas pareceu-nos preferível abusar, porventura, um pouco da paciência do leitor a pecar por defeito na escolha. A transliteração de palavras do original obedece ainda ao desígnio de mostrar de maneira mais clara as dificuldades (e limitações) do próprio trabalho de tradução. Neste, como em todos os outros aspectos, o nosso objetivo principal foi sempre o de levar esta versão em português dos *Econômicos* a servir um público não especializado e a funcionar como ponto de partida para discussões mais amplas.

---

* A transliteração de termos e expressões gregos desta edição brasileira ficou a cargo da profa. Zelia Cardoso de Almeida. (N. do Ed. Bras.)

BIBLIOGRAFIA SELECIONADA

A. Edições, traduções e comentários

AMZALAK, Moses Bensabat*
— 1945: *O Tratado do Económico Atribuído a Aristóteles* (Lisboa).
ARMSTRONG, C. G.
— 1935: *Aristotle. Oeconomica* (Londres).
BARNES, Jonathan
— 1991[4]: *The complete works of Aristotle. The revised Oxford translation*, vol. II (Princeton).
GARCÍA VALDÉS, Manuela
— 1984: *Aristóteles. Constitución de los Atenienses — Pseudo-Aristóteles. Económicos* (Madrid).
SUSEMIHL, F.
— 1887: *Aristotelis Oeconomica* (Leipzig).
TRICOT, J.
— 1958: *Aristote. Les Économiques* (Paris).
VAN GRONINGEN, B. A.
— 1933: *Le second livre de l'Économique d'Aristote* (Leiden).
VAN GRONINGEN, B. A., e WARTELLE, André
— 1968: *Aristote. Économique* (Paris).

B. Estudos

AMPOLO, Carmine
— 1979: "Oikonomia (tre osservazioni sui rapporti tra la finanza e l'economia greca)", *Annali del Seminario di Studi del Mondo Classico. Sezione di Archeologia e Storia Antica*, 1, 119-30.
ANDREAU, Jean
— 1977: "M. I. Finley, la banque antique et l'économie moderne", *Annali della Scuola Normale Superiore di Pisa*, 7, 1129-52.

---

* Esta tradução não está no mesmo nível dos restantes trabalhos que se indicam nesta seção, visto que o autor verteu para o português a partir de uma tradução francesa. Se, ainda assim, optamos por citar a obra em questão, isso se deve à singularidade de ela ser, ao que saibamos, a primeira versão em língua portuguesa do tratado.

AUSTIN, M.
— 1994: "Society and economy", in *The Cambridge ancient history*, (eds.) D. M. Lewis, J. Boardman, S. Hornblower, M. Ostwald (Cambridge), 527-64.

AUSTIN, M., e VIDAL-NAQUET, Pierre
— 1985: *Economia e Sociedade na Grécia Antiga* (Lisboa).

BOGAERT, Raymond
— 1986: "La banque à Athènes au IVe siècle avant J.-C.: état de la question", *Museum Helveticum*, 43, 19-49.

BRESSON, Alain
— 1987: "Aristote et le commerce extérieur", *Revue des Études Anciennes*, 89, 217-38.

FINLEY, M. I.
— 1973: *The ancient economy* (London).
— 1984: *Économie et société en Grèce ancienne* (Paris).

GOLDING, Martin P., e GOLDING, Naomi H.
— 1975: "Population policy in Plato and Aristotle: some value issues", *Arethusa*, 8, 345-58.

LOWRY, Todd
— 1974: "Aristotle's 'natural limit' and the economics of price regulation", *Greek Roman and Byzantine Studies*, 15, 57-63.

MEIKLE, Scott
— 1979: "Aristotle and the political economy of the polis", *Journal of Hellenic Studies*, 99, 57-73.
— 1995: *Aristotle's economic thought* (Oxford).

MIGEOTTE, Léopold
— 2009: *The economy of the Greek cities. From the archaic period to the early Roman times* (Berkeley).

MOREAU, Joseph
— 1969: "Aristote et la monnaie", *Revue des Études Grecques*, 82, 349-64.

RODRIGUES, Nuno Simões
— 2003: "Alguns aspectos da economia rural do mundo grego segundo as fontes literárias: dos Poemas Homéricos a Aristófanes", in *Mundo Antigo. Economia Rural*, A. R. Santos, N. S. Rodrigues, T. Kuznetsova-Resende, A. Guerra (Lisboa), 49-81.

ROSTOVTZEFF, M.
— 1972^6: *The social and economic history of the Hellenistic world* (Oxford).

THILLET, P.
— 1969: "Les *Économiques* d'Aristote", *Revue des Études Grecques*, 82, 563-89.

ECONÔMICOS

Livro I

1. A arte de administrar uma casa e a de administrar 1343a uma *pólis*[1] diferem entre si não apenas na medida em que a casa e a *pólis* também diferem (uma vez que aquela é o fundamento desta), mas ainda no fato de a administração da *pólis* envolver muitos governantes e de a administração doméstica depender somente de um[2].

---

[1] *Oikonomiké* e *politiké* são dois adjetivos que qualificam a palavra *tékhne* (cf. infra n. 3), aqui subentendida. Na base do termo *oikonomía* encontramos a palavra *oîkos*, que significa não apenas "casa" (equivalendo assim a vocábulos como *oikía*, *dôma*), mas tende a abranger a "casa e o conjunto dos bens familiares"; o segundo termo é correlativo do verbo *némein*, cujo sentido incide na ideia de "administrar", "gerir". Em consequência, a *oikonomía* começa por ser a "administração dos bens privados", que assentam, sobretudo, nos produtos rurais. No entanto, a agregação dos vários *oîkoi* conduz à noção mais ampla da *pólis*, que visa também o ideal do equilíbrio e da autossuficiência. Contudo, a administração da cidade-Estado depende, em boa parte, dos proventos oriundos de taxas portuárias e direitos de portagem, que incidiam mais sobre o comércio do que sobre a atividade agrícola. Sobre as primeiras ocorrências desse termo, *vide* Van Groningen-Wartelle (1968), VII-XI; Thillet (1969), 563-4. Cf. "Introdução" (seção 2.2).

[2] *Polloì árkhontes; monarkhía*. No contexto em questão, esses vocábulos visam apenas definir a extensão do número de pessoas envolvidas na administração da *pólis* e do *oîkos*, não comportando, por conseguinte, incidências sobre eventuais formas de constituição.

5   Ora, acontece que algumas das artes[3] se distinguem claramente, pelo que não se enquadra na mesma arte produzir determinado artefato ou fazer uso dele, conforme sucede com a lira e as flautas; no entanto, a arte política[4] tanto se ocupa da constituição da *pólis* desde o início como zela também pelo seu bom funcionamento, depois de estar já instituída. É evidente que a função da arte econômica[5] há de consistir igualmente em estabelecer a casa e também em fazer uso dela.

10   A *pólis* resulta, por conseguinte, de um agregado constituído por casas, terras e bens que seja autossuficiente[6] e capaz de garantir o bem-estar[7]. Essa realidade afigura-se evidente, pois, quando as pessoas não se mostram capazes de atingir aquele objetivo, a comunidade[8] acaba por dissolver-se. De resto, é por esse motivo que os homens vivem em
15 sociedade; a razão pela qual cada coisa existe e foi criada representa a essência[9] de si mesma. Por aqui se torna claro que a origem da administração da casa é anterior à administra-

---

[3] *Tékhnai*. *Tékchne* designa uma "arte" ou "ofício" em geral e as "artes manuais" em particular, com especial incidência na habilidade para trabalhar os metais. Enquanto expressão prática de um saber, tende a opor-se a *epistéme*, que designa a inteligência teórica. Sobre essa distinção, *vide* Aristóteles, *Segundos analíticos*, I.33.89b7-9; II.19.100a8; *Ética nicomaqueia*, VI.3-4.1139b14-1140a23.

[4] *Politiké*.

[5] *Oikonomiké*.

[6] *Aútarkes*. A noção de autarcia é um dos princípios basilares do sistema da *pólis*, que não deve ser nem excessivamente grande nem pequena em demasia; importa, pelo contrário, que tenha a extensão e a população necessárias para assegurar a autossuficiência. Esse princípio detém, igualmente, um papel central na política e na ética aristotélicas; e.g. *Política*, I.2.1253a1; III.9.1280b34; *Ética nicomaqueia*, I.5.1097b14.

[7] A preocupação com o "bem-estar" ou "viver bem" (*tò eû zên*) é também outro tema essencial para Aristóteles; e.g. *Política*, I.2.1252b30; VII.10.1329b27; *Ética nicomaqueia*, VIII.11.1160a21. De resto, já Platão (*República*, II.11.369) referia a ideia de que os homens optavam pela existência em sociedade com o intuito de melhorar a qualidade de vida.

[8] *Koinonía*.

[9] *Ousía*.

ção da *pólis*[10]; e o mesmo se diga da sua função[11], pois a casa é uma parte da *pólis*. Temos, portanto, de examinar a arte da economia e a natureza da respectiva função.

2. Os elementos da casa são o homem e a propriedade. Mas, como a natureza[12] de cada coisa se revela, antes de mais, nas partes menores, o mesmo se poderá aplicar à casa. Por isso, segundo Hesíodo, é necessário que haja[13]:

Antes de mais, a casa, a mulher e o boi para o arado.

Com efeito, o primeiro aspecto a tratar diz respeito à alimentação e o segundo aos homens livres. Dessa maneira, importa definir bem o tipo de relação a estabelecer com a mulher na gestão da casa[14], e isso implica determinar a forma de trato que há de ter.

No que se refere à propriedade, a primeira ocupação é a que vem de acordo com a natureza[15]. Ora, segundo a natureza, a agricultura[16] tem a prioridade; depois, estão as artes que extraem as riquezas do solo, como a atividade mineira[17] e outras do mesmo gênero. A agricultura detém a primazia, pois respeita a justiça; na verdade, nada retira ao homem, seja com o seu consentimento, como no comércio ou no trabalho assalariado[18], seja contra sua vontade, conforme ocorre nas lides guerreiras[19]. Além disso, ela pertence ao grupo

---

[10] *Oikonomiké; politiké.*
[11] *Érgon.*
[12] *Phýsis.*
[13] *Trabalhos e dias*, 405. Esta citação ocorre também na *Política*, I.2.1252b11.
[14] *Oikonomeîn.*
[15] *Phýsis.*
[16] *Georgiké.*
[17] *Metalleutiké.*
[18] *Kapeleía; mistharnikaí.* A ânsia de obter lucro leva o homem a proceder de forma contrária à natureza; *vide* supra "Introdução" (seção 1).
[19] *Polemikaí.*

dos que agem segundo a natureza: de fato, é pela natureza que todos os seres recebem da mãe a alimentação e, como tal, os homens recebem-na da terra. Além do mais, a agricultura contribui em muito para a formação de um caráter viril[20]; na verdade, ao contrário dos trabalhos de artesão, que debilitam o corpo, ela torna-o capaz de suportar a vida ao ar livre e as tarefas pesadas, bem como de enfrentar perigos ante os inimigos. De fato, só os bens dos agricultores é que ficam fora das muralhas[21].

3. No que se refere ao elemento humano, o primeiro cuidado a ter será com a mulher; com efeito, a vida em comum[22] da fêmea e do macho constitui a situação mais natural[23] de todas. Estabelecemos em outros trabalhos o princípio de que a natureza procura produzir muitas associações desse tipo, como ocorre nas várias espécies de seres vivos[24]. No entanto, é impossível à fêmea sem o macho ou ao macho sem a fêmea cumprir esse desígnio: por conseguinte, sua vida em comum decorre da própria necessidade[25]. Ora, entre os restantes seres vivos, essa união acontece sem o concurso da razão[26], já que resulta da partilha de um mesmo instinto natural[27] e visa somente a reprodução; nos animais domésticos e mais providos de inteligência, a articulação é também mais complexa, uma vez que demonstram

---

[20] *Andreía.*

[21] Ideias semelhantes são exploradas também, de forma bastante mais desenvolvida, por Xenofonte, *Econômico*, V.

[22] *Koinonía.*

[23] *Phýsis.*

[24] O caráter necessário (*anánke*) e natural (*physikón*) da união entre os elementos masculino e feminino encontra-se logo na abertura da *Política*, I.2.1252a26-9. Cf. ainda *Ética nicomaqueia*, VIII.12.1162a16. No campo mais específico do comportamento animal, *vide História dos animais*, I.1.488b11-28.

[25] *Koinonía; anánke.*

[26] *Álogos.*

[27] *Phýsis.*

maior propensão para a ajuda, a benevolência e a colaboração recíprocas. Isso é válido sobretudo para as pessoas, pois a colaboração mútua entre mulher e homem tem por objetivo não apenas a existência, mas ainda o bem-estar[28]. Por outro lado, a procriação de filhos não está somente a serviço da natureza[29], mas é também uma forma de garantir o interesse dos progenitores: de fato, as canseiras que, em pleno vigor das forças, suportam pelos filhos ainda fracos, obtêm-nas de volta, na fraqueza da velhice, daqueles que tornaram fortes[30].

Ao mesmo tempo, com essa sucessão periódica, a natureza[31] cumpre o desígnio de assegurar a perenidade da existência[32], pois, já que não o pode fazer individualmente, o faz através da espécie[33]. Dessa forma, a natureza de ambos, tanto do homem como da mulher, foi disposta de antemão pela divindade[34] com vistas à vida em comum[35]. São diferentes no fato de possuírem capacidades que não se aplicam sempre a idênticas tarefas, pois que algumas vezes suas funções são opostas entre si, embora venham a contribuir para um objetivo comum. Na verdade, a um sexo fez mais forte e ao

---

[28] *Eînai; eû eînai.*
[29] *Phýsis.*
[30] Cf. infra III.147.19-21. A preocupação de garantir o sustento dos pais na velhice (*gerotrophía*) é já uma das características do código de Sólon, promulgado nos inícios do século VI, época em que a Ática estava mergulhada em profunda instabilidade econômica e social. Por isso, o legislador ligou aquela medida ao estímulo da produção, condicionando a *gerotrophía* à obrigação de os pais ensinarem aos filhos um mester.
[31] *Phýsis.*
[32] *Tò aeì eînai.*
[33] A ideia de que o indivíduo é efêmero, mas de que, através dele, a natureza consegue garantir a perenidade da espécie é um dos elementos essenciais da biologia aristotélica. E.g. *Sobre a geração e a corrupção*, I.3.318a9-10; *Sobre a geração dos animais*, II.1.731b23-732a1. Nas *Leis*, IV.721c-d, Platão também já referia que a imortalidade da raça humana era assegurada pela sucessão das diferentes gerações. Cf. infra III.143.20-1.
[34] *Theîos.*
[35] *Koinonía.*

1344a outro mais débil, para que o receio[36] levasse este a ser mais cauteloso e a coragem[37] desse àquele a força para repelir os ataques; para que um buscasse o sustento fora de casa e o outro zelasse pelo que existe no seu interior. Quanto ao trabalho, tornou um sexo mais propenso à vida sedentária e sem força para as tarefas ao ar livre; ao outro, fez menos
5 apto para a quietude, mas bem constituído para atividades agitadas. E quanto à descendência ambos participam na procriação, mas cada um lhes presta uma função própria: a elas compete a alimentação, a eles a educação[38].

4. Ora, em primeiro lugar, o homem não deve ser injusto para com a mulher[39]; dessa forma, também ele ficará me-
10 nos sujeito a injustiças. Isso aconselha também a norma comum[40]: como afirmam os pitagóricos, a esposa é como "uma suplicante arrastada do seu lar", pelo que deve ser o menos possível alvo de injustiças: ora, injustiça é o que o homem comete quando mantém ligações fora do lar[41]. Quanto às relações mais íntimas, ela não deve solicitá-lo quando está presente, nem ser incapaz de manter-se sossegada quando
15 se encontrar ausente[42]; pelo contrário, quer ele esteja pre-

---

[36] *Phóbos.*
[37] *Andreía.*
[38] *Tréphein; paideúein.* O cotejo entre as tarefas específicas do homem e da mulher é ponderado também, de maneira mais desenvolvida, por Xenofonte, *Econômico*, VII.18-32.
[39] Van Groningen pretende eliminar toda a expressão νόμοι πρὸς γυναῖπκα, que interpreta como nota marginal indevidamente inserida no texto; no entanto, Wartelle poderá estar correto, ao circunscrever a eliminação a νόμοι.
[40] *Koinòs nómos.*
[41] *Vide* Iâmblico, *Sobre a vida de Pitágoras*, XVIII.84; este testemunho encontra-se em Hermann Diels & Walther Kranz, *Die Fragmente der Vorsokratiker* (Berlim, 1951⁶), I.464, linhas 30-1.
[42] Aceitamos a observação de Thillet (1969), 576-7, segundo o qual ὁμιλίας se refere às "relações íntimas" e que defende ainda a manutenção de ἡσυχάζειν.

sente ou não, deve habituar-se a andar satisfeita. É acertado o conselho de Hesíodo[43]:

Desposa uma donzela, para lhe moldares o caráter à sabedoria.

É que as diferenças de caráter[44] estão longe de favorecer o afeto[45]. No que se refere a requintes, não devem partilhar a intimidade alardeando um ao outro falsas qualidades, tanto de caráter[46] como de aspecto físico[47]. Uma vida conjugal baseada na afetação em nada se distingue da que representam os atores trágicos, revestidos das suas roupagens.

5. Entre as diferentes posses, há uma que vem em primeiro lugar, por ser a mais necessária, a melhor e a mais digna da arte econômica[48]: trata-se do próprio homem. Por esse motivo, há que prover-se, antes de mais, de escravos diligentes. Existem dois tipos de escravos: o administrador e o trabalhador. Uma vez que observamos que os métodos de educação produzem nos jovens determinadas qualidades, torna-se necessário que, ao adquirir escravos, se zele pela formação daqueles aos quais se irão confiar funções dignas de homens livres[49]. As relações íntimas com escra-

---

[43] *Trabalhos e dias*, 699.
[44] *Éthe*.
[45] *Philikón*.
[46] *Éthe*.
[47] *Sómata*.
[48] *Oikonomikótaton*.
[49] Sobre a educação dos escravos, *vide Ética nicomaqueia*, VIII. 13.1161b3-6, que nega o interesse das relações de amizade entre escravo e senhor, exceto no fato de ambos partilharem o estatuto de seres humanos. Contudo, na *Política*, I.6.1255b10-15, já se reconhecem a existência de interesses recíprocos e a possibilidade de afeto entre dono e servo. Ainda assim, este trecho dos *Econômicos* vai mais longe, dado que assume a pertinência da formação dos escravos na perspectiva de vir a confiar-lhes tarefas de homens livres.

vos devem processar-se de forma a não permitir nem abusos[50] nem descontroles. Aos que desempenham funções mais próprias de homens livres, convém dispensar alguma consideração[51] e, aos trabalhadores, alimento em abundância. Uma vez que o consumo de vinho leva os próprios homens livres a cometer excessos[52], razão pela qual muitos povos o proíbem até às pessoas livres, como acontece com os cartagineses quando estão em campanha, torna-se evidente que não se deve servi-lo de todo ou apenas raras vezes.

Há três fatores a considerar: o trabalho, a punição e o alimento[53]. Por um lado, conceder-lhes alimento, mas faltar com a punição e o trabalho, cria neles a insolência[54]; por outro, dar-lhes tarefas e castigos, mas cortar na comida, traduz-se em violência e falta de energia. Resta, por conseguinte, facultar-lhes trabalho e a comida suficiente; não se pode exigir obediência às pessoas que não recebem pagamento, e o salário de um escravo é sua alimentação. Com os servos passa-se o mesmo que com as outras pessoas: se os melhores não veem a sorte melhorar, nem recompensada a virtude[55] ou castigado o vício[56], acabam por tornar-se piores. Por isso, interessa prestar bem atenção, a fim de repartir e conceder cada coisa segundo o mérito: comida, roupa, repouso, punições verbais e, de fato, adotando a prática dos médicos na prescrição dos medicamentos, tendo embora em conta que a alimentação não é um remédio, pois precisa ser ministrada de forma contínua.

....

[50] *Hybrízein*. A *hýbris* corresponde à manifestação de um excesso, de uma ação ou atitude lesivas da dignidade e da honra (*timé*) de outra pessoa ou até do próprio. Um abuso desse teor poderia dar origem a uma ação pública (*graphé hýbreos*), se bem que os seus contornos jurídicos sejam difíceis de definir com exatidão.
[51] *Timé*.
[52] *Hybristaí*.
[53] *Érgon; kólasis; trophé*.
[54] *Hýbris*.
[55] *Areté*.
[56] *Kakía*.

Os tipos de escravo que melhor se prestam ao trabalho não são nem os muito covardes nem os muito valentes[57], pois ambos apresentam seus problemas. De fato, os covardes em excesso não suportam nada, mas os que têm um caráter resoluto são difíceis de controlar. Para todos eles se deve fixar também um objetivo[58] concreto: na realidade, é justo e vantajoso estabelecer como prêmio a liberdade, pois eles aplicam-se com mais vontade ao trabalho quando têm em vista uma recompensa e um limite de tempo definidos. Torna-se necessário assegurar também sua lealdade, ao permitir-lhes ter filhos; convém ainda não possuir muitos escravos da mesma etnia, como acontece nos centros urbanos[59]. Os sacrifícios e as diversões realizam-se mais para os escravos do que para as pessoas livres, pois os motivos que levaram à criação desses eventos estão mais presentes nos primeiros.

6. São quatro as funções que o senhor da casa[60] deve cumprir no que respeita aos seus bens: importa que seja capaz de os adquirir e de os manter (caso contrário, de nada lhe serve sua aquisição, pois isso seria o mesmo que apanhar a água com uma peneira ou o proverbial "tonel sem fundo")[61]; deve conseguir organizar suas posses e fazer bom

---

[57] Thillet (1969), 577, considera que o assunto agora tratado nos *Econômicos* poderá encontrar-se, de alguma forma, anunciado na *Política*, VII.9.1330a32-3; a ser assim, essa hipótese poderia constituir um elemento a favor da autenticidade do tratado.

[58] *Télos*.

[59] *Póleis*. Já Platão, *Leis*, IV.708d1-7, sustentava que uma população com origem diversificada respeita com mais facilidade as leis, em particular quando se procura implementar um novo código.

[60] *Oikonómos*.

[61] Alusão ao tonel das Danaides, que ilustra, de forma simbólica, a inutilidade de um trabalho que se tem de fazer. As Danaides são as cinquenta filhas do rei Dânao, que lhe fizeram companhia quando ele fugiu do Egito, com receio dos cinquenta filhos do irmão, Egisto. Já em Argos, os sobrinhos vêm oferecer a reconciliação, em troca da mão das filhas de Dânao. Este acede, embora sem acreditar no fim da querela, e as filhas prometerem que ma-

uso delas, pois é por esse motivo que as outras funções se revelam necessárias.

Convém distinguir igualmente os vários tipos de propriedade: que as terras produtivas sejam mais numerosas do que as improdutivas e ainda que os trabalhos sejam distribuídos de modo que não estejam em risco todos ao mesmo tempo. Para a conservação dos produtos, convém usar os métodos persas e lacônios. A forma de administrar a casa[62] na Ática possui também suas vantagens: vende-se por atacado e vai-se comprando à medida das necessidades, de maneira que, nas explorações menores[63], não há necessidade de manter depósitos em celeiro. O costume persa determinava que o dono em pessoa desse todas as instruções e a tudo supervisionasse, conforme Díon afirmava a respeito de Dionísio; uma vez que ninguém zela pelos bens alheios como pelos seus, na medida do possível deve ser o próprio a ocupar-se dos respectivos interesses. As sentenças do persa e do líbio poderiam vir mesmo a propósito: de fato, a quem lhe perguntava o que fazia engordar mais o cavalo, respondeu o primeiro: "O olho do amo."[64] E o líbio, inquirido sobre qual era o melhor estrume, retorquiu: "As pegadas do amo."

De fato, certas coisas devem ser controladas pelo senhor e outras pela sua esposa, de acordo com a maneira como as tarefas do governo da casa[65] forem repartidas entre cada um.

....

tariam os respectivos maridos durante a primeira noite. Assim aconteceu, com exceção de Hipermnestra, que poupou Linceu. O castigo que as Danaides receberam nos Infernos consistia em tentar eternamente encher um tonel sem fundo.

[62] *Oikonomía.*

[63] *Mikrotérai oikonomíai.* A forma como Péricles administrava suas propriedades constitui um exemplo prático dessa organização; segundo Plutarco (*Vida de Péricles*, 16.4), ele vendia os produtos no atacado e, ao longo do ano, ia comprando aquilo de que necessitava. Dessa forma, ganhava tempo para outras atividades.

[64] Este episódio é narrado, entre outros, por Xenofonte, *Econômico*, XII.20; Fedro, II.8.

[65] *Oikonomía.*

Nas pequenas explorações[66], basta fazer isso algumas vezes, mas, naquelas que estiverem confiadas a um administrador, há que exercer amiúde essa diligência. Com efeito, se não for dado um bom exemplo, não se poderá esperar boa imitação, tanto na delegação de responsabilidades como em outros aspectos, pois, se os senhores não forem zelosos, será impossível que os administradores o sejam. E, uma vez que essas coisas são boas para a formação da excelência[67] e úteis para a administração doméstica[68], os amos devem levantar-se antes dos criados e deitar-se depois deles; tal como a *pólis*, nunca uma casa deve ficar sem vigilância, e, quando há urgência em fazer alguma coisa, não pode ser adiada nem de dia nem de noite. Quanto a levantar-se ainda noite fechada, outro tanto se diga, pois isso é bom para a saúde, para o governo da casa[69] e para a reflexão filosófica[70]. Ora, nas pequenas propriedades, há vantagem em adotar o costume ático de dispor os produtos[71]; nas grandes, porém, onde é necessário distinguir entre despesas anuais e despesas mensais, bem como entre ferramentas de uso diário e sazonal, torna-se necessário confiar essas tarefas aos administradores. Além disso, tem de se lhes fazer uma inspeção, de tempos a tempos, para não passar despercebido o que existe e o que está em falta.

Ao organizar uma casa, há que ter em conta os bens, assim como a saúde e o conforto dos seus habitantes. Quanto aos bens, refiro-me, por exemplo, ao que será melhor para os produtos e roupas e, entre os primeiros, o que convirá mais aos produtos secos e aos líquidos; entre os restantes,

---

[66] *Mikraì oikonomíai.*
[67] *Areté.*
[68] *Oikonomía.*
[69] *Oikonomía.*
[70] *Philosophía.* Por vezes, Aristóteles usa este termo numa acepção bastante ampla, podendo aplicar-se a todo o tipo de estudo e de contemplação e até a um saber mais prático. E.g. *Ética nicomaqueia*, X.10.1181b15-6; *Política*, III.12.1282b23.
[71] Supra I.1344b31-3.

o que será mais apropriado para bens animados e inanimados[72], para escravos e livres, para a mulher e o homem, para estrangeiros[73] e cidadãos[74]. Quanto ao conforto e à saúde, é importante que a casa tenha bom arejamento no estio e boa exposição solar no inverno. Surtirá esse efeito se estiver virada a norte e não for mais larga que comprida. Nas grandes explorações[75], afigura-se vantajoso ter um porteiro que, embora sendo inútil para outras tarefas, zele pela segurança do que entra em casa e sai dela. Para garantir o melhor uso das ferramentas, convém observar o método lacônico: "cada ferramenta deve estar no seu lugar." Dessa forma, têm-se as coisas à mão sem se ter de as procurar[76].

---

[72] *Émpsykhoi; ápsykhoi.*
[73] *Xénoi.*
[74] *Astoí.*
[75] *Megálai oikonomíai.*
[76] O elogio da capacidade de organização encontra-se desenvolvido com maior cópia de pormenores em Xenofonte, *Econômico*, VIII.17-IX.10.

Livro II

1. A pessoa que tiver intenção de administrar uma 1345b7
casa¹ da forma correta terá de estar familiarizada com os lugares de que vai se ocupar, ser dotada, por natureza², de boas qualidades e possuir, por vontade própria, sentido de trabalho e de justiça. Ora, se algum desses elementos lhe faltar, irá cometer erros frequentes na empreitada em que 10
se lançou.

Há quatro formas de economia³, de acordo com uma divisão esquemática (pois veremos que as restantes remetem a estas): a real, a dos sátrapas, a de uma *pólis* e a particular⁴. Destas, a mais importante e mais simples é a real; [...]⁵, a 15
mais variada e mais fácil é a da *pólis*, a mais limitada e mais

¹ *Oikonomeîn.*
² *Phýsis.*
³ *Oikonomíai.*
⁴ *Basiliké; satrapiké; politiké; idiotiké.* Sátrapa era o título usado pelos governadores de cada uma das províncias do império persa. Na realidade, acabava por ser um soberano com amplos poderes, mas que prestava vassalagem ao Grande Rei; cf. Xenofonte, *Econômico*, IV.5. A organização política do império baseava-se inicialmente no território das nações ocupadas, mas seria revista por Dario, que fez assentar a administração em vinte satrapias. Essa subdivisão manteve-se em tempos posteriores, apesar dos ajustes decorrentes de perdas e acréscimos. *Vide* Heródoto, III.89-94.
⁵ Frase claramente corrupta, pois não se encontra a referência à economia dos sátrapas.

diversa é a particular. Torna-se inevitável que elas tenham entre si muitos pontos em comum, mas a nós interessa observar o que é mais característico de cada uma.

Comecemos, então, por considerar a real[6]. Esta detém uma aplicação universal, mas possui quatro áreas essenciais: a cunhagem de moeda, as exportações, as importações e as despesas[7]. Analisemos cada uma em particular. Quanto à cunhagem da moeda, refiro-me a que tipo de moeda e em que momento deve ser emitida; quanto às exportações e importações, em que momento e de que produtos será vantajoso dispor, depois de os receber dos sátrapas, em forma de contribuição[8]; quanto às despesas, quais serão de suprimir e em que momento e ainda se os gastos devem ser pagos com moeda ou, em lugar dela, com mercadoria.

Em segundo lugar, vem a economia dos sátrapas[9]. Aqui encontramos seis fontes de receita: [a da terra (dos produtos que se criam em determinada região), a do comércio, a dos impostos, a dos rebanhos e a de outras atividades][10]. Destas, a primeira e mais importante receita é a que provém da terra: uns chamam-lhe "imposto sobre os produtos da terra" e outros o "dízimo"[11]; a segunda provém de produtos específicos da região, como o ouro, a prata, o cobre, ou outros recursos que se podem encontrar em determinado lugar; a terceira deriva da atividade comercial; a quarta engloba tanto os impostos sobre produtos do solo como sobre os do mercado; a quinta provém dos rebanhos e é chamada "taxa sobre a produção animal" ou "dízimo"[12]; a sexta deriva

....

[6] *Basiliké.*

[7] *Nómisma; exagógima; eisagógima; analómata.*

[8] Se aceitarmos que o texto se refere ao imposto direto entregue por cada satrapia ao Grande Rei, sob a forma de dinheiro ou em espécie.

[9] *Satrapiké.*

[10] Estas linhas são suprimidas por Van Groningen-Wartelle, que nelas veem uma glosa inserida no texto, talvez sem razões suficientes, conforme sustenta Thillet (1969), 578.

[11] *Ekphórion; dekáte.*

[12] *Epikarpía; dekáte.*

das pessoas e designa-se por "imposto de capitação" e "imposto sobre os artesãos"[13].

Em terceiro lugar, vem a economia de uma *pólis*[14]. A sua principal receita provém dos produtos próprios da região; em seguida, estão as mercadorias e as taxas de livre trânsito[15]; depois, os impostos regulares.

Em quarto e último lugar, vem a economia particular[16]. Esta é mais atípica, uma vez que, no seu exercício[17], não se visa necessariamente um objetivo específico[18]; é também a menos importante, pois são pequenas as receitas e as despesas que gera. Sua principal fonte de rendimentos encontra-se na terra; em seguida, está o lucro de atividades periódicas[19]; por último, os juros de empréstimos em dinheiro.

Para além disso, há um princípio comum[20] a todas as economias[21] e que importa não observar de forma ligeira, em particular na desse tipo, que consiste em que as despesas não devem ultrapassar as receitas.

Agora que estabelecemos essas distinções, devemos considerar ainda, em seguida, se a satrapia ou a *pólis*, com as quais nos ocupamos, serão capazes de gerar todas as receitas que acabamos de enumerar ou ao menos a maior parte delas; se for esse o caso, há que fazer uso delas. Depois, veremos quais rendimentos não existem de todo, mas poderiam existir, ou então os que agora são pequenos, mas que

---

[13] *Epikephálaion; kheironáxion.*
[14] *Politiké.*
[15] *Diagogaí.*
[16] *Idiotiké.*
[17] *Oikonomeîn.*
[18] *Skopós.*
[19] Ἐγκυκλημάτων é a conjectura (ed. Basileensis, 1550) para substituir o termo ἐγκλημάτων transmitido pelos códices e traduzido em latim por *institutionibus*, que dificilmente se articula com o contexto; mesmo assim, a conjectura constitui um hápax e levanta ainda problemas de interpretação, pelo que esta solução continua insatisfatória.
[20] *Epikoinoneîn.*
[21] *Oikonomíai.*

seria possível tornar maiores, e ainda quais as despesas atualmente feitas que seriam suprimíveis sem que isso prejudicasse o conjunto.

Era isso, por conseguinte, o que tínhamos a dizer sobre as várias economias[22] e os elementos que as constituem. Fizemos ainda uma coleta de todos os exemplos que nos pareceram dignos de referência: os meios de que certas personalidades do passado se serviram para obter riqueza e souberam administrar de forma hábil[23]. Pensamos que não será desprovido de interesse divulgar essa informação; de fato, alguns desses exemplos poderão adaptar-se a projetos que qualquer pessoa tiver nas mãos[24].

2. Cípselo de Corinto[25], depois de fazer a Zeus o voto de que, se conseguisse apoderar-se da cidade, consagraria ao deus todos os bens dos Coríntios, ordenou a estes últimos que preparassem uma listagem oficial das suas posses. Assim que cumpriram a determinação, ele retirou a cada um a décima parte[26] dos respectivos bens e mandou que negociassem com o restante. Decorrido um ano, voltou a fazer o mesmo, de forma que, em dez anos, ele ficou senhor de tudo

---

[22] *Oikonomíai.*
[23] *Tekhnikós.*
[24] A coletânea de exemplos que a seguir se apresenta poderia constituir a resposta ao desígnio expresso por Aristóteles, na *Política* (I.11.1259a3-5), de reunir as notícias dispersas relativas à forma como algumas pessoas fizeram fortuna. Em todo o caso, a articulação com a seção anterior afigura-se forçada e o oportunismo que norteia os expedientes usados para obter dinheiro dificilmente se poderia articular com o sentido de trabalho e de justiça referidos na abertura do Livro II (supra II.1345b9-10). É possível, no entanto, que esta coleta tenha sido feita na área de influência da escola aristotélica, se bem que a direta atribuição a Aristóteles seja muito improvável. *Vide* supra "Introdução" (seção 2.2).
[25] Este famoso tirano de Corinto, pai de Periandro, exerceu seu poder na segunda metade do século VII. Tinha fama de sangrento, mas é provável que a severidade fosse dirigida mais contra os aristocratas, que poderiam disputar-lhe o poder.
[26] *Dékaton.*

quanto havia consagrado ao deus e os Coríntios adquiriram entretanto outros bens.

Lígdamis de Naxos[27], depois de ter enviado algumas pessoas para o exílio e de haver compreendido que ninguém queria adquirir os bens delas a não ser a baixo preço, acabou por vendê-los novamente aos próprios exilados. E as estátuas votivas que lhes pertenciam, e se encontravam nas oficinas ainda por acabar, vendeu-as também aos desterrados e a quem mais quisesse, na condição de sobre elas inscreverem o nome do comprador[28].

Os habitantes de Bizâncio, numa época em que andavam necessitados de dinheiro[29], venderam as terras sagradas pertencentes ao Estado: as que eram férteis foram alienadas a termo certo, as improdutivas definitivamente. Procederam de igual forma com as terras que pertenciam às associações religiosas e aos clãs tradicionais[30], e ainda com as que se encontravam no meio de terrenos privados, pois quem possuía a propriedade restante pagava por elas um bom preço. Aos membros das associações venderam depois outros terrenos: os espaços públicos que se encontravam nas imediações do ginásio, da ágora e do porto; venderam também os lugares de mercado onde se transacionasse alguma coisa, bem como os direitos de pesca marítima e de comércio de sal; e [para o exercício][31] dos ofícios de tauma-

---

[27] Este tirano governou sobre a ilha de Naxos na segunda metade do século VI. Cf. Heródoto, I.61; 64; Aristóteles, *Política*, V.6.1305a41; *Constituição dos atenienses*, 15.3.

[28] Como forma de retirar-lhes o caráter sagrado e, como tal, poderem ser vendidas. Estas estátuas não pertenciam ao artista, mas aos exilados, que haviam já custeado os respectivos encargos, no todo ou em parte.

[29] *Khrémata*. Uma vez que esta palavra é usada com muita frequência ao longo desta seção com o sentido de "recursos", "dinheiro", "receitas", "fundos", dispensamo-nos de mencionar em nota todas as suas ocorrências. O mesmo se diga de outro termo equivalente (*argýrion*), que anotaremos apenas quando ocorrer com o significado mais restrito de "prata".

[30] *Thiasotiká; patriotiká*.

[31] Van Groningen-Wartelle assinalam aqui a existência de uma lacuna.

turgos, adivinhos, droguistas e outros charlatães do mesmo gênero fixaram a taxa de um terço dos lucros. Venderam a uma só banca a transação da moeda e mais ninguém poderia receber ou pagar pelo câmbio: caso contrário, seria objeto de confiscação. Embora possuíssem uma lei[32], segundo a qual não poderia ser cidadão[33] quem não houvesse nascido de pai e mãe também cidadãos[34], porque estavam com falta de dinheiro estabeleceram por decreto[35] que a pessoa que tivesse apenas um progenitor cidadão[36] poderia obter o estatuto de cidadão[37] mediante o pagamento de trinta minas. Certa vez, forçados pela falta de víveres e carentes de recursos, obrigaram a atracar os barcos que se dirigiam para o Ponto[38]. Passado algum tempo, uma vez que os mercadores se impacientavam, pagaram-lhes juros de dez por cento e obrigaram os compradores a pagar esses dez por cento em

---

[32] *Nómos.*
[33] *Polítes.*
[34] *Astoí.* Péricles havia estabelecido em Atenas uma lei semelhante, a fim de controlar a expansão do número de cidadãos; cf. [Aristóteles], *Constituição dos atenienses*, 26.4. Ironicamente, o estadista seria uma das vítimas da lei e, para conseguir legitimar os filhos que tivera da estrangeira Aspásia, necessitaria pedir a ab-rogação da norma; vide Plutarco, *Vida de Péricles*, 24.8.
[35] *Psephízein.* Durante o século V, *pséphisma* "decreto" e *nómos* "lei" eram equivalentes, em termos de pertinência legal. No entanto, em Atenas, a partir de 403 (depois da segunda restauração democrática), *pséphisma* passou a aplicar-se somente a normas temporárias ou de utilização circunscrita, enquanto *nómos* designava a lei geral e de validade permanente. Visava-se, desse modo, assegurar a estabilidade legal e evitar a derrubada da constituição, conforme havia acontecido no golpe oligárquico de 411. Cf. infra II.1348b33-8, no qual nos é referido que o *nómos*, existente em Selímbria e que interditava a exportação de trigo, foi revogado por um *pséphisma*; uma vez que se estava num período de fome, é provável que a revogação da lei fosse temporária.
[36] *Astós.*
[37] *Polítes.* Ao contrário do que alguns estudiosos defendem, podemos ver por este trecho que *astós* e *polítes* são termos equivalentes para designar o "cidadão". Em outros contextos, porém, *astós* tende a ser usado para designar o membro nativo da comunidade, por oposição ao estrangeiro (*xénos*).
[38] Impedindo-os de escolher livremente o porto a que se dirigiriam. Num discurso datado de cerca do ano 359, [Demóstenes] (50.6) refere-se precisamente a este fato.

cima do preço. Alguns metecos[39] haviam acordado em con- 1347a
ceder empréstimos sob hipoteca de propriedades, mesmo
sem ter direito à posse de bens imóveis; então, os bizantinos
estabeleceram por decreto[40] que quem tomasse a iniciativa
de pagar um terço da dívida sob a forma de contribuição ao
Estado[41] ficaria senhor da totalidade do bem.

Hípias de Atenas[42] pôs à venda as varandas dos andares
superiores que avançassem sobre a via pública, as escadas, 5
as vedações e as portas que abrissem para fora; os donos
desses bens tiveram de comprá-los e, dessa forma, ele conseguiu reunir muito dinheiro. Declarou falsa a moeda[43] que
circulava em Atenas e, depois de fixar um preço por ela, ordenou que lhe fosse entregue. Assim que lha trouxeram, 10
para proceder à cunhagem de um novo tipo, voltou a pôr
em circulação o mesmo dinheiro[44]. Aos cidadãos que estivessem a ponto de ser nomeados para suportar as despesas
de uma trierarquia, de uma filarquia, de uma coregia ou outro tipo de liturgia, determinou que quem preferisse pagar
um imposto patrimonial moderado[45] seria inscrito na lista

---

[39] *Métoikoi*. Um *métoikos* é "alguém que altera a residência", portanto um "imigrante"; do ponto de vista jurídico, não equivale a um cidadão, mas tem a vantagem de estar legalmente incluído na comunidade, gozando, assim, de maior proteção do que o simples estrangeiro (*xénos*) visitante. Entre as limitações que enfrenta, encontra-se a questão da posse de bens imóveis (*énktesis*), que constitui, em princípio, um direito exclusivo dos cidadãos, pelo que os metecos só podem ser arrendatários, a menos que lhes seja concedido, a título honorífico, o acesso à *énktesis*.

[40] *Psephízein*.

[41] *Eisphérein*.

[42] Um dos filhos de Pisístrato; juntamente com o irmão Hiparco, foi tirano de Atenas entre 527-514. Após o assassinato do irmão, continuou à frente do poder até 510. Cf. [Aristóteles], *Constituição dos atenienses*, 17-9.

[43] *Nómisma*.

[44] Ao retirar de circulação determinada moeda, as peças perdiam imediatamente valor, por causa do preço da cunhagem; ao reintroduzir a mesma moeda, Hípias terá ganho a diferença entre o valor intrínseco do metal e o das peças cunhadas em circulação.

[45] *Tímema métrion*.

dos que ficaram isentos de serviços de liturgia⁴⁶. Decidiu ainda que, por ocasião de cada óbito, se tinha de trazer à sacerdotisa da "Atena da Acrópole" uma quénice⁴⁷ de cevada, outra de trigo e um óbolo; a pessoa a quem nascesse uma criança ficava com a mesma obrigação.

Os atenienses que habitavam em Potideia⁴⁸ estavam com falta de recursos para sustentar o esforço de guerra; então, ordenaram a todos que declarassem por escrito suas propriedades⁴⁹, não de forma global por cada um no próprio demo⁵⁰, mas por cada artigo, no lugar onde o possuísse, de forma que mesmo os pobres fossem capazes de fazer uma estimativa do valor. Quem não possuísse nenhum bem, deveria avaliar a própria pessoa em duas minas. Ora, a partir dessas declarações, cada um teria de contribuir com o valor equivalente à soma inscrita.

A cidade de Antissa estava sem recursos, pois seus habitantes tinham por costume celebrar de forma esplendorosa as Dionísias, em cujos preparativos gastavam anualmente muito dinheiro para garantir, além de todas as outras coi-

---

⁴⁶ As liturgias (*leitourgíai*) eram um tipo de serviço público que o Estado requeria aos cidadãos mais ricos. Apesar de poderem ser um fardo que alguns procuravam evitar através da "isenção" (*atéleia*), constituíam também uma excelente oportunidade para os cidadãos com ambições políticas procurarem granjear apoiantes. Esse serviço podia assumir várias formas: equipar um barco de guerra (trierarquia), um corpo de cavalaria (filarquia) ou ainda custear as despesas de uma representação teatral (coregia).

⁴⁷ *khoînix;* correspondia a 1,094 l, sendo entendida como equivalente à ração diária.

⁴⁸ Colônia fundada na viragem do século VII por Evágoras, filho do tirano Periandro de Corinto. Integrou a Liga de Delos, mas revoltou-se nas vésperas da Guerra do Peloponeso, vindo a ser submetida pouco depois por Atenas, que aí instalou colonos seus. Ao longo do século IV, passou por várias ocupações, ao sabor das potências do momento.

⁴⁹ *Ousíai.*

⁵⁰ O termo *dêmos*, além de estar na raiz da palavra "democracia", com o sentido de "massa popular", poderia significar também "circunscrição territorial", uma realidade comparável às atuais freguesias. É nessa segunda acepção que ocorre no texto.

sas, suntuosos sacrifícios. Ora, estavam as celebrações iminentes quando Sosípolis[51] os convenceu a prometer a Diónisos que, no ano seguinte, lhe dariam o dobro das ofertas, embora tivessem de recolher e pôr à venda as daquele ano. Dessa forma, conseguiu juntar não pouco dinheiro para as necessidades do momento.

Os habitantes de Lâmpsaco[52] estavam à espera de que sobre eles avançasse uma frota de muitas trirremes; ordenaram então que o medimno[53] de farinha de cevada, que estava a quatro dracmas, fosse transacionado nos mercados a seis dracmas, e o côngio de azeite, que custava três dracmas, fosse vendido a quatro dracmas e três óbolos, seguindo a mesma lógica para o vinho e os demais produtos. Uma vez que os particulares recebiam o preço antigo e à *pólis* cabia o restante, ficaram bem providos de receita.

Os habitantes de Heracleia[54] tinham intenção de enviar uma frota de quarenta navios contra os tiranos do Bósforo, mas não estavam bem providos de dinheiro; então compraram aos mercadores todo o trigo, azeite, vinho e os produtos restantes, fixando o prazo em que pretendiam proceder ao pagamento. Aos comerciantes também lhes agradava não vender a carga no varejo, mas antes no atacado. Então, os habitantes de Heracleia adiantaram aos

---

[51] Sosípolis vem referido somente nesta fonte; Antissa ficava na costa noroeste da ilha de Lesbos. Sua história é pouco conhecida; cf. Tucídides, III.28; Estrabão, I.3.19; Diodoro, XIV.94.4; XVII.29.2.

[52] Cidade da Tróade, situada no Helesponto. O episódio agora relatado deve situar-se entre 411-409, época em que as operações militares na zona do Helesponto tornavam particularmente perigoso o comércio de cereal.

[53] O *médimnos* é uma medida para produtos secos, equivalente a 52,53 l. Cf. infra II.1350b9-10. O côngio (*khoûs*) era usado para produtos líquidos e equivalia a 3,283 l.

[54] Cidade da Ásia Menor, situada na costa da Bitínia. Era um importante centro de comércio, com seus dois portos. E.g. Xenofonte, *Anábase*, V.6.10; Aristóteles, *Política*, V.5.1304b31. As medidas agora referidas poderão ter sido tomadas ao longo dos graves conflitos externos e internos que a cidade viveu, entre 387 e 365.

soldados o pagamento de dois meses, levaram com eles a mercadoria em navios de transporte e colocaram em cada um dos navios um intendente. Depois de chegarem a território inimigo, os soldados compraram-lhes todas as provisões. Assim, esse dinheiro foi recolhido antes de os generais terem de pagar novamente o salário, pelo que os mesmos fundos voltaram a ser distribuídos, até regressarem a casa.

Quando os sâmios[55] pediram aos lacedemônios que lhes fornecessem dinheiro a fim de poderem regressar à pátria, estes determinaram por decreto[56] que, durante um dia, eles próprios, as pessoas de sua casa e os animais iriam jejuar e que o valor da despesa que cada um faria o entregariam aos sâmios.

Os calcedônios[57] mantinham na sua *pólis* grande quantidade de soldados estrangeiros[58], aos quais não conseguiam pagar os salários em dívida. Anunciaram, então, que, se qualquer dos cidadãos ou dos metecos[59] tivesse direito de arresto sobre determinada *pólis* ou particular e desejasse exercê-lo, precisaria apenas fazer o registro. Dado que o número de inscritos era muito elevado, confiscaram a maior parte dos navios que navegavam para o Ponto, alegando pretextos razoáveis. Foi estabelecido um prazo dentro do qual se comprometiam a prestar contas das suas capturas. Uma vez que conseguiram reunir bastante dinheiro, dispensaram os soldados e submeteram a julgamento os arrestos feitos. Aos que haviam sido injustamente espoliados, a *pólis* indenizou-os a partir das receitas próprias.

---

[55] Trata-se do grupo de oligarcas que haviam sido desterrados da ilha pelos democratas e estavam ansiosos por regressar a casa.

[56] *Psephízein*.

[57] A Calcedônia é uma antiga colônia de Mégara, fundada na primeira metade do século VII (a data tradicional é 685); está situada no Bósforo, na costa da Ásia Menor, em frente a Bizâncio.

[58] *Xénoi*.

[59] *Polîtai; métoikoi*.

Num período em que os cidadãos de Cízico[60] andaram em guerra civil[61] uns com os outros, a facção democrática saiu vencedora e os ricos foram fechados na prisão; uma vez que deviam dinheiro aos soldados, foi decidido por decreto[62] não condenar à morte os prisioneiros, mas antes enviá--los para o desterro, depois de terem pago uma caução.

Em Quios havia uma lei[63] que obrigava os habitantes a fazer o registro público das respectivas dívidas; numa época em que havia falta de receitas, estabeleceu-se por decreto[64] que os devedores teriam de pagar à *pólis* os respectivos empréstimos e que, das receitas entradas, a *pólis* pagaria os juros[65] aos credores, até que estivessem em condições de devolver o capital.

Mausolo, tirano da Trácia[66], numa época em que o rei da Pérsia lhe enviou legados com a indicação de que pagasse os tributos, reuniu as pessoas mais ricas da terra e comunicou-lhes que o Grande Rei lhe exigia a entrega dos impostos, mas que ele estava sem fundos para isso. Então, certos homens, que haviam sido por ele industriados, logo anun-

---

[60] Antiga colônia de Mileto, fundada, segundo a tradição, em 756 e refundada em 675. Essa pequena cidade da Ásia Menor está situada num istmo que liga a península de Arctoneso ao continente (sobre o mar de Mármara). A datação do evento a que se refere o texto é muito difícil, pois a frequência com que essas pequenas cidades mudavam de regime político dificulta essa operação; ainda assim, esse episódio poderia ter ocorrido no século V, durante o período em que foi aliada de Atenas, pois Alcibíades derrotou aí os espartanos em 410. Cf. Tucídides, VIII.6; 39; 107; Plutarco, *Vida de Alcibíades*, 28.

[61] *Stasiázein*.

[62] *Psephízein*.

[63] *Nómos*. Quios é uma ilha situada no mar Egeu, nas proximidades da costa central da Ásia Menor. A tradição biográfica fazia dela a pátria de Homero.

[64] *Psephízein*.

[65] *Tókoi*.

[66] O governo do sátrapa Mausolo situa-se entre 377 e 353. Os fatos agora referidos colocam o evento em cerca de 364, época em que encetava contatos com os sátrapas rebeldes e com Esparta.

ciaram com quanto é que estariam dispostos a contribuir. Perante esse comportamento, os mais ricos, fosse por vergonha ou por receio, comprometeram-se a pagar somas ainda mais elevadas e cumpriram a palavra. Em outra ocasião ainda em que estava sem recursos, fez reunir os habitantes de Milassa, para dizer-lhes que aquela *pólis*, a qual era também sua pátria de origem, não estava protegida por muralhas e que o rei da Pérsia se preparava para avançar contra ele[67]. Ordenou, portanto, aos cidadãos de Milassa que cada um lhe entregasse o máximo de dinheiro, garantindo-lhes que as contribuições que agora faziam lhes iriam permitir salvar os bens restantes. Foram muitos os que cumpriram as instruções; no entanto, Mausolo apropriou-se dessa receita e, quanto à muralha, alegou que a divindade não permitia sua construção nas circunstâncias presentes.

Sempre que Côndalo, um governador de Mausolo, atravessava a região e lhe ofereciam um carneiro, um porco ou um bezerro, ele registrava o nome da pessoa e a data da oferta; ordenava, depois, que o interessado levasse o animal de volta e o alimentasse até seu regresso. Quando lhe parecia que o tempo já era suficiente, reclamava tanto o animal criado como a renda, que tinha calculado[68]. E as árvores que cresciam ou tombavam para cima dos caminhos reais vendia-as também [na qualidade][69] de rendas. Sempre que algum soldado morria, ele reclamava o pagamento de uma dracma pelo transporte do corpo. Dessa forma, não só con-

---

[67] Milassa, cidade da Iônia, ficava próxima da costa e de Mileto. Era, de fato, a cidade-mãe (*metrópolis*) de Mausolo, que havia entretanto feito de Halicarnasso a capital, onde viria a ser construído o túmulo do monarca (Mausoléu), concluído pela sua esposa, Artemísia, e considerado uma das sete maravilhas do mundo antigo. O clima de confrontação aberta com o Grande Rei permite situar esses eventos entre 364 e 361.

[68] *Epikarpía*; este imposto refere-se talvez à taxa que se tinha de pagar pelos lucros que a exploração das cabeças de gado traria ao seu proprietário.

[69] Van Groningen-Wartelle assinalam a existência de uma lacuna.

seguia uma fonte de rendimento como ainda impedia os chefes de enganá-lo relativamente ao momento do óbito do soldado[70]. Ao constatar que os lícios gostavam de usar cabeleiras compridas, disse-lhes que tinha recebido uma carta do rei persa, na qual este dava instruções para lhe ser enviado cabelo para a confecção de perucas; em consequência, Mausolo tinha-lhe ordenado que rapasse as cabeleiras[71]. Acrescentou, no entanto, que, se quisessem pagar-lhe uma determinada taxa por cabeça[72], ele mandaria vir o cabelo da Hélade. Os lícios deram-lhe, de bom grado, o que pedia, pelo que ele conseguiu retirar muito dinheiro a uma população numerosa.

Aristóteles de Rodes, governador da Foceia[73], estava com falta de dinheiro. Então, ao constatar que havia duas facções[74] entre os habitantes de Foceia, iniciou conversações em segredo com uma das partes, sustentando que os outros lhe ofereciam dinheiro na condição de orientar em seu favor o governo, mas que, por si, preferia antes receber deles e entregar-lhes a administração[75] da *pólis*. Ao escutar essas declarações, os que estavam presentes trataram de arranjar de imediato todo o dinheiro que ele pedia e deram-lho. Em seguida, ele se voltou para a segunda facção e mostrou-lhes a soma que havia recebido dos outros; também estes se comprometeram a não contribuir com montante inferior. Recebeu, portanto, de ambos e reconciliou-os entre si. Ao

---

[70] Uma vez que o cemitério ficava extramuros, o cortejo fúnebre tinha, assim, de pagar um direito de "portagem".

[71] Na segunda metade do governo de Mausolo, parte da Lícia tinha caído sob o seu domínio; portanto, estes acontecimentos terão ocorrido entre 361 e 353.

[72] *Epikephálaion.*

[73] Foceia está situada na Ásia Menor. Quanto a Aristóteles, embora se trate de um nome usual em Rodes, não é conhecido por outra fonte. A ordem cronológica seguida pelo autor sugere que o evento tenha ocorrido em cerca de 360.

[74] *Stáseis.*

[75] *Dioikeîn.*

ver que os cidadãos[76] se envolviam em disputas judiciais[77] frequentes e importantes e ainda que, havia já muito tempo, a justiça não se aplicava por causa da guerra, instituiu um tribunal. Proclamou então que as pessoas que não se apresentassem a julgamento, dentro do prazo por si definido, já não poderiam requerer o julgamento de acusações anteriores. Então, submeteu ao seu controle o depósito de muitos pleitos[78], bem como os processos de apelo com multas; recebeu, assim, muito dinheiro de ambas as partes pelas duas vias e conseguiu juntar uma soma nada pequena.

Numa época em que os habitantes de Clazômenas[79] estavam com falta de trigo e sem recursos, determinaram por decreto[80] que os particulares[81] que possuíssem azeite deveriam emprestá-lo à *pólis*, mediante o pagamento de juros[82]; de fato, naquela região cultivam-se oliveiras em abundância. Uma vez concedido o empréstimo, fretaram navios de carga e enviaram-nos aos entrepostos comerciais[83], de onde

---

[76] *Polîtai*.

[77] *Díkai*. Além do sentido genérico de "justiça" ou de "julgamento", o termo *díke* era usado também como termo semitécnico para designar o "processo privado" (que apenas a parte ofendida ou seus mais diretos representantes poderiam iniciar) por oposição a *graphé*, "processo público" (de criação mais recente e que poderia ser iniciado por qualquer cidadão de plenos direitos); *dikastérion* é o termo corrente para designar um "tribunal"; *krísis* usa-se para referir qualquer tipo de "julgamento" ou "decisão", especialmente o processo que decorre em tribunal; *énklema* usa-se (ao menos em processos considerados *díkai*) para identificar a "acusação"; *parábolon* designa o "depósito" que é feito quando se interpõe um recurso; *epitímion* (usado mais no plural, *epitímia*) designa a "pena" ou "indenização" a pagar.

[78] Van Groningen-Wartelle supõem a existência de uma lacuna neste ponto, mas essa hipótese não se afigura absolutamente necessária.

[79] Cidade que fica na costa ocidental da Ásia Menor, entre Esmirna e Éritras. Era a pátria de Anaxágoras e teve um papel importante tanto no domínio persa da Iônia como na confederação liderada por Atenas. Os acontecimentos agora narrados devem situar-se em cerca de 360, época em que problemas internos no Egito dificultariam o cultivo e a exportação de trigo.

[80] *Psephízein*.
[81] *Idiôtai*.
[82] *Tókos*.
[83] *Empória*.

lhes veio o trigo, entregando como garantia[84] o valor do azeite. Certa vez em que deviam aos soldados vinte talentos de salário e não tinham capacidade para pagá-los, entregaram aos generais quatro talentos de juro por ano. Contudo, porque não abatiam nada à dívida antiga e continuavam a acumular despesas em vão, cunharam uma moeda[85] de ferro equivalente a vinte talentos de prata[86]; distribuíram-na, então, pelos habitantes mais abastados da *pólis* e, de acordo com a respectiva riqueza, receberam de cada um a soma de prata equivalente. Dessa forma, os particulares tinham com que pagar as necessidades quotidianas e a *pólis* conseguiu livrar-se das obrigações. Em seguida, foram pagando aos cidadãos a partir das receitas correntes, em prazos sucessivos e a cada um na respectiva proporção, o juro que antes entregavam [aos generais], retirando assim de circulação as moedas de ferro[87].

Os habitantes de Selímbria[88] estavam com falta de dinheiro, mas tinham uma lei[89] que lhes interditava a exportação de trigo. Quando veio um período de fome e eles possuíam ainda um excedente da produção do ano anterior, estabeleceram por decreto[90] que os particulares[91] teriam de en-

[84] *Hypothéke.*
[85] *Nómisma.*
[86] *Argýrion.*
[87] Trecho de compreensão difícil, que se encontra, aliás, parcialmente omitido na versão latina medieval. Não cremos que o Estado pagasse aos mais ricos um juro pela cedência temporária das moedas de prata, na medida em que as de ferro equivaliam à prata nas trocas correntes; afigura-se mais provável que o juro que antes pagavam aos generais (e que provinha da receita corrente) fosse usado para ir retirando paulatinamente de circulação a moeda de ferro, substituindo-a pelas peças de prata.
[88] Cidade situada na costa meridional da Trácia, entre Perintos e Bizâncio, sobre o mar da Mármara. Essa antiga colônia de Mégara fez parte da confederação ateniense no século V, continuando como aliada de Atenas nos tempos de Demóstenes. A organização cronológica interna da obra sugere que os eventos se situem por volta de 360.
[89] *Nómos.*
[90] *Psephízein.*
[91] *Idiôtai.*

1349a tregar à *pólis* o trigo a um preço determinado, guardando para cada um apenas o necessário à alimentação durante um ano. Concederam, em seguida, a livre exportação[92] do excedente, depois de haverem fixado o preço que lhes parecia vantajoso.

Os habitantes de Abidos, numa altura em que uma dissensão civil[93] deixara as terras ao abandono e sem os paga-
5 mentos dos metecos[94], que ainda estavam endividados, fixaram por decreto[95] que quem se oferecesse para emprestar dinheiro aos agricultores, a fim de estimular sua atividade, seria dos primeiros a cobrar a dívida na colheita; os outros ficariam apenas com o restante.

Os efésios, pressionados pela falta de dinheiro, instituí-
10 ram uma lei[96] que proibia as mulheres de andar com objetos de ouro e determinava ainda que emprestassem à *pólis* o que tivessem naquele momento. Além disso, e depois de fixarem o montante a pagar, permitiram que fosse inscrito nas colunas do templo o nome das pessoas que haviam contribuído com a soma, como se a tivessem dedicado[97].

15 Dionísio de Siracusa[98], desejoso de angariar receitas, convocou uma assembleia para relatar que Deméter lhe tinha

....
[92] *Exagogé*.
[93] *Stasiasmós*. Abidos é uma antiga colônia de Mileto, situada na costa asiática do Helesponto, no local onde o braço de mar é mais estreito. Durante a Guerra do Peloponeso, foi uma das aliadas de Atenas. A instabilidade civil agora referida pode corresponder à agitação que antecedeu a subida ao poder do tirano Ifíades, pouco antes de 360.
[94] *Métoikoi*.
[95] *Psephízein*.
[96] *Nómos*.
[97] Éfeso ficava na costa oeste da Ásia Menor e rivalizava, em importância, com Mileto. O evento que motivou essa falta de recursos talvez fosse a reconstrução do Templo de Ártemis, que sofrera um incêndio em 356. Cf. Estrabão, XIV.1.22.
[98] Dionísio foi tirano de Siracusa entre 404 e 367. Essa antiga colônia coríntia estava situada na costa oriental da Sicília. Na *Política* (I.11.1259a28-31; V.10.1311a15; 11.1313b18-28), Aristóteles refere também os meios fraudulentos de que o tirano se valia para extorquir dinheiro aos cidadãos; na *Éti-*

aparecido, ordenando-lhe que depositasse os ornamentos das mulheres no templo. Na verdade, ele já havia feito isso mesmo com os adornos das mulheres de sua própria casa e instava os outros a proceder de igual modo, a fim de evitar a cólera da deusa; acrescentou, ainda, que seria acusado de "pilhar o templo"[99] quem não acatasse essas instruções. Todos trouxeram o que possuíam, fosse por respeito pela deusa, fosse por receio do tirano; então ele fez um sacrifício à deusa e levou os ornamentos, sob pretexto de ela lhos ter emprestado. Passado algum tempo, as mulheres voltaram a usar adornos e ele determinou que quem desejasse andar com joias de ouro teria de consagrar no templo uma soma determinada.

Dionísio tinha a intenção de construir uma frota de trirremes, mas deu-se conta de que iria necessitar de dinheiro. Então, convocou a assembleia e informou que certa *pólis* estava para lhe ser entregue, sendo que, para isso, necessitava apenas do dinheiro. Exigia, portanto, a cada um dos cidadãos[100] que lhe desse dois estateres[101]. Eles assim procederam. Decorridos dois ou três dias e sob o pretexto de haver falhado a missão, devolveu a cada um o respectivo contributo, com palavras de reconhecimento. Ao agir dessa maneira, conquistava a confiança dos cidadãos. Mais tarde, haveriam de pagar novamente, convencidos de que voltariam a receber; no entanto, Dionísio recolheu os contributos e ficou com eles para a construção dos barcos.

....

ca nicomaqueia (VIII.12.1160a36-b12; 13.1161a30-b10), o Estagirita tece duras críticas à tirania, como regime fautor de injustiças. Em todo o caso, seu governo foi marcado pela prosperidade e é provável que as antipatias se contassem mais entre os aristocratas do que entre as camadas populares.

[99] A *hierosylía* era uma das manifestações mais graves de desrespeito ou "impiedade" (*asébeia*) relativamente aos deuses, dando por isso origem a um processo público (*graphé*).

[100] *Polîtai*.

[101] Como unidade monetária, o estater (*statér*) de prata correspondia a quatro dracmas, em Atenas.

Porque não possuía prata[102] em quantidade suficiente, mandou cunhar uma moeda[103] de estanho e reuniu a assembleia, a fim de recomendar vivamente a moeda que acabara de emitir. Mesmo contra a vontade, os cidadãos decidiram por decreto[104] que cada um aceitaria tomar essa moeda como se fosse de prata e não de estanho.

Novamente pressionado pela carência de fundos, instou os cidadãos[105] a que lhos trouxessem; aqueles responderam, porém, que não tinham mais. Então, ele mandou trazer para fora os móveis do seu palácio e os pôr à venda, como se a indigência o obrigasse a agir dessa forma. À medida que os siracusanos os compravam, Dionísio fazia registar o que cada indivíduo havia adquirido. Assim que pagaram o preço, ordenou a cada um que devolvesse o objeto comprado.

E, quando os cidadãos[106] deixaram de ser capazes de criar gado, por causa do peso dos impostos, ele disse que já tinha o que chegasse para o momento[107]; em consequência, os que fizessem compras naquela altura ficariam isentos[108]. Muitos foram os que rapidamente investiram em grandes rebanhos, na expectativa de continuar a usufruir da isenção. Todavia, quando entendeu ser o momento oportuno, Dionísio ordenou sua avaliação e impôs uma taxa[109]. Indignados, porém, com essa burla, os cidadãos abateram o gado para venda. Em resposta, o tirano estabeleceu que fossem mortas apenas as cabeças necessárias ao gasto diário; eles reagiram consagrando-as à divindade, mas o tirano proibiu o sacrifício das fêmeas[110].

---

[102] *Argýrion.*
[103] *Nómisma.*
[104] *Psephízein.*
[105] *Polîtai.*
[106] *Polîtai.*
[107] Provavelmente, refere-se às cabeças de gado elegíveis e não propriamente aos impostos, embora a primeira hipótese acabe por redundar na segunda também.
[108] *Ateleîs.*
[109] *Télos;* neste contexto, o vocábulo possui um sentido semitécnico, diferente da acepção mais genérica de "fim" ou "objetivo".
[110] Certamente para evitar a diminuição do nascimento de novas crias.

Novamente acabrunhado pela falta de dinheiro, ordenou 15
a todas as famílias de órfãos que se registrassem junto dele;
assim que estas cumpriram a determinação, ele passou a usufruir dos seus bens até cada um atingir a idade adulta.

Depois de tomar Région[111], convocou a população em
assembleia e informou-a de que tinha pleno direito para reduzi-la à escravatura, mas que, dadas as circunstâncias, se 20
recebesse o dinheiro gasto no esforço de guerra e ainda três
minas por pessoa, a todos deixaria em liberdade. Os habitantes de Région não tardaram em pôr à vista as riquezas
que haviam escondido. Os pobres contraíram empréstimos
dos mais ricos e dos estrangeiros[112] e também eles pagaram
a soma exigida. Assim que a recebeu das mãos deles, Dioní- 25
sio não deixou, do mesmo modo, de os vender como escravos, sem exceção. Quanto aos bens móveis que antes se encontravam escondidos, apanhou-os também a todos, agora
que estavam a descoberto.

Ele tinha contraído um empréstimo de fundos dos cidadãos[113], sob garantia de reembolso, mas, quando foram junto dele reclamar o pagamento, ordenou que lhe trouxessem
todo o dinheiro que possuíssem; caso contrário, enfrenta- 30
riam a pena de morte[114]. Depois de lhe trazerem o dinheiro,
fez cunhar nova moeda[115], atribuindo a cada dracma o valor
de duas, pelo que pagou não só a dívida original como o
montante que agora lhe tinham trazido[116].

....

[111] Cidade do Sul da Itália, antiga colônia de Cálcis e situada em frente a Messina. Dionísio tomou-a em 386, depois de um longo cerco. Entre outras fontes, *vide* Heródoto, I.166-7; VI.23; VII.165; Tucídides, III.86; IV.1; 24-
-5; Aristóteles, *Política*, V.12.1316a35-9.

[112] *Xénoi.*
[113] *Polîtai.*
[114] *Thánaton tò epitímion.*
[115] *Kharaktér.*
[116] Van Groeningen-Wartelle assinalam uma lacuna; adotamos a lição de Goettling (ἀπέδωκε καὶ ὁ νῦν).

Quando fez uma expedição naval, com cem barcos, contra Tirrênia[117], retirou do templo de Leucoteia grande quantidade de objetos em ouro e prata e ainda outros ornamentos, em número nada pequeno. Ao constatar, porém, que os marinheiros também ficaram com um grande despojo, fez proclamar em voz alta que cada um deveria trazer-lhe metade do lote que possuía, podendo guardar o resto; quem não cumprisse, enfrentava a pena de morte[118]. Os marinheiros supuseram que, ao levarem metade, ficariam com o restante, pelo que obedeceram sem receio. No entanto, assim que apanhou essa parte, Dionísio ordenou que lhe entregassem igualmente a outra.

Os habitantes de Mende usavam as receitas da exploração do porto e de outros impostos[119] na administração[120] da *pólis*, mas não cobravam as taxas sobre a terra e sobre os prédios urbanos, embora tivessem um registro dos seus proprietários. Quando houvesse falta de recursos, seriam estes a pagar, como se estivessem em dívida. No entanto, tiravam lucro do fato de, ao longo desse tempo, poderem fazer uso daquele dinheiro sem pagar juros[121]. Na época em que se encontravam em guerra com Olintos, já não tinham recursos

---

[117] Corresponde à região itálica hoje conhecida por Toscana; para os gregos, seus habitantes eram os tirrenos e, para os latinos, os etruscos. A expedição a que se refere o texto foi realizada em 384, sob o pretexto de pôr termo a operações de pirataria. O objetivo real, porém, consistia em apoderar-se dos tesouros de um templo e assim custear a guerra contra Cartago. Cf. Diodoro, XV.14.3.

[118] *Thánaton tò epitímion*.

[119] *Téle*; mais adiante, vertemos esta palavra também por "taxas". Mende era uma antiga colônia de Erétria, situada na costa oeste da península de Palene, na Macedônia. Embora tivesse sido aliada de Atenas, revoltou-se contra ela durante a Guerra do Peloponeso, acabando por ser submetida por Nícias. Cf. Heródoto, VII.123; Tucídides, IV.121; 123. Os eventos agora narrados ocorreram antes da queda de Olintos, em 348, mas não é possível fixar a data exata. Pela organização cronológica do autor, teriam ocorrido pouco antes de 361.

[120] *Dioíkesis*.
[121] *Átoka*.

mas possuíam ainda escravos; foi, então, estabelecido por decreto[122] que cada pessoa não mantivesse escravos a não ser uma mulher e um homem, sendo os restantes vendidos pela *pólis*, de forma que os particulares[123] pudessem emprestar esse dinheiro.

Calístrato de Atenas[124], no momento em que as taxas portuárias da Macedônia se vendiam geralmente a vinte talentos, conseguiu arranjar forma de dobrar esse preço. De fato, ao constatar que eram sempre os mais ricos quem as comprava, por causa da necessidade de depositar um talento como garantia dos vinte, fez proclamar que poderia comprar esse direito qualquer pessoa e que a garantia em depósito seria apenas um terço do valor total e para a soma que cada um fosse capaz de garantir.

Na época em que estava em guerra com Olintos e já com falta de moedas de prata[125], Timóteo de Atenas cunhou uma moeda de bronze e entregou-a aos soldados[126]. Porque estes davam largas ao seu descontentamento, disse-lhes que os mercadores e varejistas lhes venderiam tudo nas mesmas condições. Aos mercadores adiantou que os que aceitassem a moeda de bronze iriam adquirir, por sua vez, os produtos da região e também os despojos de guerra que lhes levassem; acrescentou ainda que, se algum deles ficasse com peças de bronze, lhas trouxesse, para trocá-las pelas de prata.

Quando lutava nas imediações de Corcira, estava sem recursos[127]; os soldados reclamavam o respectivo pagamen-

---

[122] *Psephízein.*

[123] *Idiôtai.*

[124] Orador célebre, que colhia a admiração de Demóstenes; interessou-se pela reorganização financeira de Atenas, mas, após o fracasso sofrido em Anfípolis, em 361, acabou por exilar-se na Macedônia. A medida narrada deve ter ocorrido por essa época ou pouco depois.

[125] *Argýrion.*

[126] Timóteo era filho de Cónon e antigo aluno de Isócrates; foi um dos generais mais bem sucedidos do seu tempo e substituiu Ifícrates à frente da frota ateniense, que desempenhou essas e outras missões de guerra.

[127] *Áporos.* Essa campanha ocorreu em 375. As dificuldades financeiras são confirmadas por Xenofonte, *Helênicas*, V.4.64-6.

to, já não acatavam suas ordens e ameaçavam mesmo passar para o inimigo. Então, reuniu-os em assembleia e explicou que, devido ao mau tempo, o dinheiro não podia chegar até ele, mas tinha tal abundância de fundos[128] que lhes oferecia os três meses de víveres que havia adiantado. Confiando em que Timóteo jamais os agraciaria com tamanha soma a não ser que esperasse, de verdade, os referidos recursos, deixaram-no em paz quanto ao salário, de forma que ele pôde tomar as medidas que tinha em mente.

No período em que montava cerco a Samos, vendia aos seus habitantes os frutos e tudo quanto havia nos campos deles, de modo que arranjou dinheiro suficiente para dar o pagamento aos soldados[129]. Dado que os víveres se tornavam escassos no acampamento, por causa das pessoas que vinham de visita, ele proibiu a venda de farinha de trigo, bem como a de cereal em quantidade inferior a um medimno e a de todas as medidas líquidas inferiores a um metreta[130]. Dessa forma, os comandantes de divisões e de companhias compraram os produtos por atacado e distribuíram-nos entre os soldados. Os visitantes tinham de trazer consigo os respectivos alimentos e se, à saída, ainda lhes sobrassem alguns poderiam vendê-los. Em consequência, verificou-se que os soldados passaram a ter víveres em abundância.

O persa Datames[131] conseguia fornecer aos soldados a alimentação diária indo buscá-la aos campos do inimigo; não tinha, porém, dinheiro em moeda[132] para lhes entregar. Dado que havia decorrido um certo tempo sem que ele pagasse e havia já reclamações, inventou o seguinte estratage-

---

[128] *Euporía*.
[129] Depois de um longo assédio (entre setembro de 366 e julho de 365), Timóteo tomou a guarnição que os persas tinham colocado na cidade.
[130] Sobre o *médimnos*, vide supra n. 53, p. 27; o *metretés* é usado para produtos líquidos e equivale a 39,390 l.
[131] Sátrapa da Capadócia a seguir a 384, que participou na revolta dos sátrapas, vindo a morrer por disposição do Grande Rei, em 362. Cf. Diodoro, XV.91.2-3.
[132] *Nómisma*.

ma[133]: reuniu os soldados em assembleia e comunicou-lhes que não tinha falta de dinheiro, mas que este se encontrava em determinado lugar, por ele mesmo referido; depois de levantar o acampamento, para lá se encaminhou. Ora, assim que se achou a pouca distância do local, para aí se dirigiu na dianteira e retirou dos templos existentes nas imediações toda a prata[134] cinzelada que neles havia. Em seguida, fez carregar as mulas de forma a parecer que iam repletas de prata e prosseguiu marcha com a carga. Ao verem isso, os soldados, que julgavam ser prata maciça tudo quanto se transportava, ficaram confiantes de que iriam receber o salário. Datames, porém, disse que era necessário ir até Amisos para proceder à cunhagem[135]; ora, Amisos ficava a vários dias de viagem e estava-se em pleno inverno. Ao longo desse período, teve o exército sempre às suas ordens, sem lhe dar outra coisa além dos víveres. Tinha ainda à sua disposição os artífices[136] e pequenos comerciantes que estavam no acampamento e asseguravam algumas transações; não permitia a mais ninguém ocupar-se dessas atividades.

No momento em que Taos, rei do Egito[137], se preparava para iniciar uma campanha militar sem para ela ter recursos, o ateniense Cábrias aconselhou-o a tomar as seguintes medidas: informar os sacerdotes de que, por causa dos custos, deveriam ser suprimidos alguns dos templos e a maior parte dos sacerdotes. Ao ouvirem isso, e porque cada um deles queria manter o respectivo templo e continuar em funções, os sacerdotes entregaram-lhe dinheiro. Depois de haver recebido fundos de todos eles, Cábrias exortou-o a ordenar-

---

[133] *Tekhnázein.*

[134] *Árgyros.*

[135] Amisos é uma antiga colônia de Mileto, situada na Ásia Menor, na costa do Ponto Euxino; o relato pressupõe que a cidade estivesse sob domínio de Datames.

[136] *Tekhnîtai.*

[137] Entre 363 e 361; traído por um familiar, teve de refugiar-se na Pérsia, onde acabaria por falecer, em 357. O general Cábrias foi enviado por Atenas em auxílio do faraó.

-lhes que gastassem, com os templos e consigo mesmos, a décima parte do que gastavam antes; quanto ao restante, iriam emprestar-lho até que a guerra com o rei da Pérsia chegasse ao fim. Aconselhou-o ainda a determinar que, depois de calcular o montante necessário, todos teriam de contribuir com um imposto sobre cada casa e igualmente sobre a pessoa de cada um; que, na transação do trigo, tanto o vendedor como o comprador teriam de entregar, além do preço, um óbolo por cada artaba[138]; e ainda que deveria cobrar a taxa de um décimo[139] sobre os lucros da navegação, da manufatura e de qualquer outro tipo de atividade. No momento em que o rei estava para abandonar o país em campanha, aconselhou-o a ordenar que as pessoas lhe trouxessem o que tinham em prata ou ouro por cunhar[140]. Assim que a maior parte do povo executou as instruções, Cábrias incitou o rei a fazer uso desses recursos e a remeter os credores aos nomarcas[141], para estes os reembolsarem a partir dos impostos.

No momento em que Cótis[142] formou um exército, o ateniense Ifícrates conseguiu arranjar-lhe dinheiro da seguinte forma: aconselhou-o a ordenar às pessoas que estavam sob o seu comando que semeassem para ele um terreno capaz de produzir três medimnos; cumpridas essas instruções, foi-lhe possível juntar bastante quantidade de trigo. Então, desceu com ele até os entrepostos comerciais[143] e vendeu-o, conseguindo assim abundância de dinheiro.

---

[138] A *artábe* era uma medida de capacidade persa, com cerca de 56 l, se bem que pudesse ter uma grandeza variável; para a relação com as medidas atenienses, cf. Heródoto, I.192.

[139] *Dékaton*.

[140] *Argýrion; khrysíon ásemon*.

[141] O *nomárkhes* era um governador local que tinha à sua responsabilidade a administração, a aplicação da justiça e a cobrança dos impostos.

[142] Rei da Trácia, entre 384 e 359; Ifícrates, general e almirante ateniense da primeira metade do século IV, desposou uma das filhas do soberano. E.g. Xenofonte, *Helênicas*, IV.4.9-10.

[143] *Empória*.

Cótis da Trácia pretendia obter dos habitantes de Perintos[144] um empréstimo em dinheiro para pagar aos soldados, mas os períntios não lho concederam. Pediu-lhes, assim, que cedessem alguns homens entre os cidadãos[145] para atuarem como guarnição de certas praças fortes, a fim de ele poder aproveitar os soldados que tinha aí a desempenhar então essas funções. Os períntios anuíram sem detença ao pedido, na expectativa de virem a apoderar-se daquelas praças. Cótis, porém, meteu os enviados na prisão e determinou que os enviaria de volta somente quando lhe entregassem o dinheiro que havia pedido emprestado.

Mentor de Rodes[146], após ter capturado Hérmias e tomado posse dos respectivos domínios, manteve na região os administradores que Hérmias lá colocara. Dessa forma, todos ficaram mais confiantes e, se tinham riquezas escondidas ou postas a salvo em outro lugar, passaram a trazê-las consigo; ele, porém, os fez prisioneiros e privou-os de quantos haveres tinham.

Mêmnon de Rodes, depois de ter ficado senhor de Lâmpsaco e uma vez que estava com falta de dinheiro, fez um registro dos mais ricos para lhes cobrar determinada soma avultada, dizendo-lhes que recuperariam esse contributo dos outros cidadãos[147]. Contudo, assim que estes últimos fizeram também suas entregas, ordenou-lhes igualmente que

---

[144] Antiga colônia de Samos, situada na costa sudeste da Trácia. O evento ocorre durante o governo de Cótis, em data incerta.

[145] *Polîtai*.

[146] Mentor de Rodes é irmão de Mêmnon, referido no capítulo seguinte; ambos serviram como mercenários o sátrapa Artabazo, que havia desposado uma sua irmã. Artabazo e Mêmnon acabaram por envolver-se na revolta dos sátrapas, buscando refúgio na corte de Filipe da Macedônia; nessa época (345), Mentor ascendeu a sátrapa da Ásia marítima, recebendo do Grande Rei plenos poderes para fazer frente aos rebeldes. Entre as primeiras conquistas, encontram-se os domínios do tirano Hérmias, situados também nas costas da Ásia Menor, na Eólida; esse monarca, que aspirava à posição de filósofo, foi discípulo de Platão e privou com Aristóteles.

[147] *Polîtai*.

lhe emprestassem esses fundos, fixando o prazo em que teria de reembolsá-los.

Andava ele outra vez com falta de dinheiro e decidiu pedir aos habitantes que dessem sua contribuição, pois seriam reembolsados a partir da receita corrente. Eles assim fizeram, convictos de que bem depressa receberiam o tributo. Porém, quando chegou o momento de pagar da receita corrente, informou que também precisava dela, pelo que lhes pagaria mais tarde, incluindo o juro[148].

Aos soldados que estavam sob seu comando, retirou os víveres e os salários em seis dias do ano, com a desculpa de que, nessas ocasiões, não se montava guarda, não se faziam marchas nem outras despesas: chamou-lhes "dias suprimidos"[149]. Antes dessa altura, ele distribuía os víveres aos soldados no segundo dia do novo mês, passando a atrasar três dias no primeiro, cinco no segundo e assim por diante, até chegar ao dia trinta[150].

Caridemo de Óreos[151] era senhor de algumas praças da Eólida e, porque Artabazo se preparava para marchar sobre

---

[148] *Tókos*.

[149] O calendário grego baseava-se no ano lunar de trezentos e cinquenta e quatro dias, distribuídos por seis meses com trinta dias e outros seis com vinte e nove. Uma vez que o pagamento aos soldados era feito por adiantamento e tendo por referência vinte e nove dias, acabava por suprimir seis dias de despesas, correspondentes aos meses de trinta dias. Sobre as dificuldades relativas à interpretação desse trecho, *vide* Thillet (1969), 581-5; García Valdés (1984), 289-90, n. 106.

[150] Medida de interpretação igualmente controversa, mas talvez o objetivo seja o de ir atrasando progressivamente o pagamento do salário, que começava por ser adiantado, até cair no último dia do mês a que se referia. Dessa maneira, Mêmnon acabaria por economizar um mês ao longo de todo o ano.

[151] Caridemo é um dos chefes mercenários e aventureiros que povoaram o imaginário do século IV; embora nascido em Óreos, foi mudando de campo e alterando as alianças ao sabor dos interesses do momento. Esteve a serviço de Mentor e Mêmnon a seguir a 363, tomando para si mesmo algumas cidades, que depois teve de defender contra Artabazo. Os fatos agora narrados devem situar-se entre 363 e 360.

ele, necessitava de dinheiro para pagar aos soldados. Ora, de início, os habitantes pagavam os impostos, mas depois começaram a argumentar que já não tinham com que contribuir. Então, Caridemo disse aos habitantes da praça forte que lhe parecia mais rica para pegarem na moeda[152] e em outros objetos preciosos que possuíssem e para tratarem do seu transporte para outra praça, comprometendo-se a fornecer-lhes uma escolta. Ao mesmo tempo, tornava evidente que ele procederia de igual forma. Assim que as pessoas se deixaram convencer, ele conduziu-as um pouco para fora da *pólis* e passou revista às suas bagagens; depois de tomar aquilo de que precisava, enviou-as novamente para casa.

Ele havia mandado proclamar nas cidades que estavam sob o seu governo que a ninguém seria permitido manter armas em casa; caso contrário, teriam de pagar a soma que especificava. Depois, mostrou-se desinteressado e não fez mais caso da questão. Ora, os cidadãos pensaram que o aviso não era para levar a sério e continuaram a manter no lugar as armas que cada um possuía. Então, Caridemo passou uma revista de surpresa às casas e, naquelas em que encontrou alguma arma, fez executar a pena[153].

Filóxeno da Macedónia[154], sátrapa da Cária, que estava com falta de recursos, anunciou a intenção de celebrar as Dionísias e inscreveu como coregos os que eram mais ricos entre os cários, determinando o que cada um teria de fornecer. Ao constatar seu desalento, enviou-lhes informantes em segredo, para saber quanto estariam dispostos a pagar a fim de se livrarem da liturgia[155]. Eles se prontificavam a dar muito mais do que pensavam que lhes iria custar, só para se

---

[152] *Nómisma*.
[153] *Epitímion*.
[154] Seu governo situa-se entre a data da morte da princesa Ada (326) e a de Alexandre Magno (323). Embora Arriano (*Anábase de Alexandre*, VII.23.1) não se refira a essa personalidade como sátrapa, afigura-se provável que a indicação esteja correta.
[155] Sobre as várias formas de liturgia, *vide* supra nota a II.1347a11-14.

livrar de aborrecimentos e evitar afastar-se dos seus assuntos pessoais. Filóxeno aceitou o que estes ofereciam e fez inscrever outras pessoas, até receber mais ainda do que desejava[156].

O sírio Evaises[157], sátrapa do Egito, ao aperceber-se de que os nomarcas estavam com intenção de se revoltar contra ele, convocou-os ao seu palácio e enforcou-os a todos, embora ordenando que se dissesse aos familiares que eles se encontravam na prisão. Ora, cada um dos familiares pôs-se a fazer diligências em seu favor e a tentar comprar a liberdade dos cativos a troco de dinheiro. Depois de negociar cada um e de receber o que havia sido acordado, Evaises entregou-lhes o cadáver.

Cleômenes de Alexandria[158], sátrapa do Egito, numa época em que a fome atingia duramente outras regiões e se fazia sentir menos no Egito, proibiu a exportação[159] de trigo. Os nomarcas argumentaram que não conseguiriam pagar os impostos, devido àquela interdição; em consequência, Cleômenes levantou a proibição, mas submeteu o trigo a uma pesada taxa[160]. Em consequência, se ele não [...][161] acabou por obter tributos importantes à custa de uma pequena exportação e deixou os nomarcas sem desculpas.

Ao atravessar de barco a província em que o crocodilo é visto como um deus, um dos seus escravos foi arrastado

---

[156] Texto corrupto neste ponto.

[157] Personalidade conhecida apenas por esta fonte e sobre cujo nome repousam algumas suspeitas de inautenticidade. A linha cronológica seguida na exposição convida, no entanto, a ver nele um dos últimos sátrapas representantes da autoridade persa no Egito.

[158] Esta figura vem referida nas outras fontes como Cleômenes de Náucratis e estava a serviço de Alexandre Magno, na qualidade de sátrapa do Egito. A julgar pelo texto, teria mesmo desempenhado um papel importante na fundação de Alexandria, em 331. Virá a morrer em 322, às mãos de Ptolomeu I.

[159] *Exagogé*.

[160] *Télos*. O mesmo termo é adiante traduzido por "tributos".

[161] Van Groningen-Wartelle assinalam uma lacuna.

para fora da borda. Então, ele convocou os sacerdotes e disse-lhes que, por ter sido ofendido sem provocação, tinha de vingar-se dos crocodilos; por conseguinte, deu ordem para que fossem caçados. No entanto, a fim de evitar que o deus sofresse essa ofensa, os sacerdotes reuniram todo o dinheiro que puderam, entregaram-lho e, dessa forma, ele desistiu dos seus intentos.

Quando o rei Alexandre lhe ordenou que fundasse uma cidade junto da ilha de Faros, para nela estabelecer o entreposto[162] que havia antes no Canopo, ele navegou para o Canopo e disse aos sacerdotes e aos proprietários da zona que vinha ali para lhes transferir a residência. Os sacerdotes e os habitantes fizeram uma coleta e entregaram-lhe o dinheiro para convencê-lo a deixar-lhes o entreposto no mesmo lugar. Cleômenes aceitou e, nesse momento, foi-se embora. Mais tarde, porém, quando já tinha disponível o material para a construção, fez-se novamente ao caminho e exigiu-lhes um montante muito superior às suas capacidades. Era esta, segundo ele, a diferença entre deixar ou não o entreposto naquele lugar. Quando lhe responderam que não conseguiam pagar aquele preço, mudou-lhes a residência.

Certa vez, enviou um delegado para tratar de uma compra e inteirou-se de que, embora este houvesse conseguido um bom preço, tinha intenções de cobrar por cima. Então, foi ter com os amigos do comprador e informou-os de que ouvira dizer que este havia fechado o negócio a um preço excessivo[163]. Assim, passaria a tratar pessoalmente do assunto e, com ira fingida, pôs-se a vituperar a ignorância do outro. Ao escutarem essas queixas, disseram-lhe que não deveria acreditar no que os outros contassem sobre aquela pessoa, mas antes no relato que o próprio fizesse. Ao regressar, o comprador soube pelos amigos das palavras de Cleômenes; desejoso, então, de causar boa impressão junto

---

[162] *Empórion.*
[163] *Hypertímia.*

destes e de Cleômenes, apresentou os preços que havia efetivamente pago pela mercadoria.

15 Numa época em que se vendia o trigo na região a dez dracmas, ele convocou os produtores e perguntou-lhes em que termos estariam dispostos a negociar com ele; aqueles referiram um preço inferior ao que praticavam com os mercadores. Ordenou, então, que lho entregassem pelo mesmo valor a que o vendiam aos outros, embora ele mesmo fixas-
20 se o preço do trigo em trinta e duas dracmas e assim o comercializasse[164].

Convocou também os sacerdotes e disse-lhes que, na região, era excessivo o gasto[165] com os templos. Por isso, tornava-se necessário suprimir alguns dos santuários e a maior parte dos sacerdotes. Os sacerdotes, fosse cada um por si, fosse em coletivo[166], entregaram-lhe os tesouros sagrados, convencidos de que ele iria proceder na realidade como dizia e
25 porque estavam desejosos, todos eles, de manter o respectivo templo na região e continuar em funções[167].

Na época em que Alexandre se encontrava na região da Babilônia, Antímenes, o *hemiolios* de Rodes[168], arranjou di-

---

[164] Este parágrafo pode relacionar-se com a primeira medida referida (supra II.1352a16-23), embora não seja forçoso pensar que se trate do mesmo ano, já que se verificaram vários anos de fraca produção, entre 330 e 326. De fato, agora é-nos reportada outra evolução dos acontecimentos: ao adquirir o monopólio da comercialização de trigo no exterior, Cleômenes conseguia lucros maiores, sem prejudicar os produtores do país.

[165] *Análoma*.

[166] *Ídia; koiné*.

[167] Já antes (supra II.1350b33-1351a2) haviam sido referidas medidas idênticas levadas a cabo por Cábrias. Não é forçoso ver aqui uma reduplicação do mesmo motivo, já que Cleômenes poderia ter se inspirado em Cábrias, tanto mais que a importância e os gastos da hierarquia sagrada no Egito constituíam um dos aspectos mais criticáveis aos olhos de um grego.

[168] A tradição manuscrita fornece ἡμιόδιος, mas desde Schneider que se aceita a correção em ἡμιόλιος, cujo sentido deverá ser "um e meio", aplicado, por exemplo, a um soldado que se distingue a ponto de merecer ração e meia. No texto, o sobrenome aplica-se a um encarregado das finanças, de nome Antímenes, que é conhecido apenas por essa referência.

nheiro da seguinte maneira: existia na Babilônia uma antiga lei[169], que obrigava ao pagamento do dízimo[170] sobre as importações[171], mas nunca ninguém a aplicara. Então ele aguardou o momento em que se esperava a chegada de todos os sátrapas, de soldados em número nada reduzido, de embaixadores, de artesãos † que traziam outros convidados com eles †[172], além das pessoas que viajavam por assuntos particulares[173] e dos muitos presentes que transportavam, e aplicou o dízimo, de acordo com a lei ainda existente.

Em outra ocasião, ao fornecer os escravos que estavam a serviço do acampamento, convidou quem desejasse fazê-lo a registrar o preço que entendesse pelo respectivo escravo, pagando uma taxa[174] anual de oito dracmas. Se algum dos escravos fugisse, receberia o valor[175] pelo qual o havia registrado. Uma vez que muitos escravos foram registrados, conseguiu juntar uma soma nada pequena. Quando algum escravo fugia, ordenava ao sátrapa da região[176] em que se encontrava o acampamento que recuperasse o escravo ou pagasse o valor ao respectivo dono.

Assim que Ófelas de Olintos[177] estabeleceu um administrador na província de Atribis, os nomarcas daquela região vieram ter com ele para informá-lo de que estavam dispostos a pagar-lhe bem mais se acedesse em afastar o adminis-

---

[169] *Nómos*.
[170] *Dekáte*.
[171] *Eisagómena*.
[172] Texto corrupto; seguimos a leitura de Van Groningen-Wartelle, se bem que as dúvidas subsistam.
[173] *Ídia*.
[174] *Teleîn*.
[175] *Timé*. Trata-se do exemplo mais antigo de um sistema de seguros organizado pelo Estado.
[176] Adotamos a leitura τῆς χώρας, sustentada por Schneider.
[177] É conhecido apenas por esta fonte, embora alguns estudiosos tenham procurado identificá-lo com uma personalidade homônima, natural de Péla. A província de Atribis situa-se no extremo meridional do delta do Nilo. Cf. Heródoto, II.166.

trador recentemente empossado. Ófelas perguntou-lhes se
eles podiam pagar o que haviam prometido; ao responderem
de forma afirmativa, ele deixou o mesmo administrador na
zona e mandou-o cobrar os impostos que os próprios habitantes tinham fixado. Dessa forma, parecia-lhe que nem desonraria o administrador designado nem aos outros exigiria
impostos acima do que eles mesmos fixaram, além do que
ele arrecadaria receitas várias vezes superiores.

Pítocles de Atenas[178] aconselhou os atenienses a retirar
o chumbo das minas de Láurion das mãos dos particulares[179], em nome da *pólis*, ao preço de mercado de duas dracmas, e a revendê-lo, depois de lhe fixarem o valor[180] em seis
dracmas.

Cábrias[181] tinha recrutado equipagens completas para
cento e vinte barcos, mas Taos necessitava apenas de sessenta; ordenou então à tripulação dos sessenta barcos restantes
que garantisse dois meses de víveres aos que partiam ou então que eles mesmos se fizessem ao mar. Dado que estes desejavam ficar antes em casa a tratar dos seus assuntos particulares[182], forneceram o que lhes era exigido.

Antímenes[183] ordenou aos sátrapas que enchessem os
armazéns existentes ao longo das estradas reais, conforme
ditava a lei[184] do país. Porém, sempre que um exército ou

....
[178] O fato de o autor não fornecer a indicação do pai e do respectivo demo impede a identificação precisa dessa pessoa, já que existem vários homônimos.
[179] *Idiôtai*.
[180] *Timé*.
[181] Sobre Cábrias e Taos, *vide* supra II.1350b33-1351a17.
[182] *Ídia*.
[183] Conforme acontecera já em II.1352b26-33, Antímenes usa o mesmo estratagema de aplicar um costume ou lei que caíra entretanto em desuso e do qual ele agora procura servir-se de forma abusiva. Os *thesauroí* referidos são armazéns dispostos ao longo da estrada real, de forma a garantir ao rei tudo aquilo de que ele pudesse necessitar, quando estivesse em viagem ou em campanha.
[184] *Nómos*.

qualquer outra corporação passavam na zona mesmo sem a presença do rei, ele enviava um dos seus delegados para vender o que nesses armazéns existia.

Cleômenes[185], quando se aproximava o primeiro dia do mês, bem como a obrigação de entregar a ração aos soldados, fez-se deliberadamente ao largo. À medida que o tempo avançava, voltou a desembarcar e distribuiu a ração; em seguida, esperou até o primeiro dia do mês seguinte. Dessa forma, os soldados, que tinham recebido a ração havia pouco tempo, mantinham-se tranquilos, e ele, deixando passar em branco um mês, † suprimia sempre o pagamento de um mês †[186] durante o ano.

† Estatélbio, o Mísio, numa época em que devia o pagamento aos soldados, convocou o plenário dos oficiais †[187] e disse-lhes que, pela sua parte, não tinha nenhuma necessidade de soldados particulares[188], mas apenas dos oficiais; quando precisasse de soldados, entregaria uma soma a cada um deles e trataria de enviá-los com a missão de recrutar tropas mercenárias[189], pelo que o dinheiro que devia dar aos soldados preferia dá-lo aos oficiais. Ordenou, por conseguinte, que cada um despedisse o respectivo contingente para fora da região. Os oficiais, que ficaram com a expectativa de vir a tirar proveito pessoal, desmobilizaram os soldados, de acordo com as indicações recebidas. Decorrido algum tempo, ele voltou a convocá-los a todos e disse-lhes que, tal como o flautista sem coro, também os oficiais sem

1353b

5

10

15

....

[185] Sobre esta personalidade, *vide* supra II.1352a16-1352b25.

[186] Texto corrupto. Para comparar essa medida com a atuação de Mêmnon, *vide* supra II.1351b15-18.

[187] Texto corrupto; a lição apresentada por Van Groningen-Wartelle é muito insatisfatória. Seguimos Forster *apud* Barnes (1984), 2146, n. 15, que procura, a partir da tradução latina, reproduzir de alguma forma a versão grega: ὁ Μυσός, ὀφείλων στρατιώταις μισθόν, συγκαλέσας τοὺς ἡγέμονας. As dúvidas estendem-se ao nome da personalidade em questão, da qual não se conhecem outras notícias.

[188] *Idiôtai*.

[189] *Xenología*.

soldados de nada lhe serviam. Ordenou-lhes, portanto, que também eles abandonassem a região.

Certa vez, Dionísio[190] fazia o circuito dos templos; sempre que via posta uma mesa de ouro ou prata[191], ordenava que se fizesse uma libação ao "Bom Gênio" e mandava trazê-la; e, às estátuas que pareciam estar oferecendo uma taça, determinava que lha retirassem, dizendo "Muito obrigado". Despojava, ainda, as imagens das suas vestes e das coroas de ouro, com a promessa de lhes oferecer outras mais ligeiras e mais perfumadas[192]: revestia-as, depois, de roupas brancas e de coroas de choupo branco.

---

[190] Este parágrafo dá continuidade a II.1349a14-1350a5. Sobre a boa disposição com que o tirano cometia os sacrilégios, *vide*, entre outras fontes, o elucidativo testemunho de Cícero, *Sobre a natureza dos deuses*, III.34.83-4.
[191] *Argyrâ*.
[192] Mantemos a lição τὰ ἱμάτια τά τε χρυσᾶ καὶ τοὺς στεφάνους.

Livro III[1]

---
[1] Seguimos a numeração de Rose, *Aristt. fr.* 184, pp. 140-7.

1. É conveniente que uma boa esposa seja senhora do que se passa dentro de casa e tome conta de tudo, segundo as regras que estabelecemos[2]. Não deixará que ninguém entre em casa, a não ser com o conhecimento do marido, e há de evitar, em especial, as conversas das mulheres de soalheiro, que tendem a corromper o espírito[3]. O que dentro de casa sucede, apenas a ela compete e, se de fora algum mal sobrévem, ao marido apenas cabe a responsabilidade. Deve ser ela a controlar as despesas e os gastos nas festividades, para as quais o marido tenha dado autorização, e a zelar para que os custos, a roupa e os enfeites sejam inferiores ao previsto nas leis da cidade[4], tendo em mente que a beleza não depende do exotismo das roupas, nem a abundância de ouro atrai tanto a virtude feminina como o recato em tudo o que se faça e a inclinação para uma vida honesta e bem ordenada. Com efeito, um adorno assim eleva o espí-

---

[2] O autor deve referir-se aos princípios enunciados no Livro I. Na *Política* (e.g. I.13.1260a30), Aristóteles menciona, em particular, a submissão da esposa ao marido, sem entrar em pormenores relativamente à economia doméstica.

[3] *Anima.*
[4] *Leges ciuitatis.*

rito[5] e garante, com muito maior segurança, a ela e aos filhos, o tributo de merecidos elogios até a velhice.

São estes, por conseguinte, os domínios nos quais a mulher deve se mentalizar para exercer pessoalmente uma ordem reguladora, pois não se afigura conveniente que o marido esteja a par de quanto se passa dentro de casa. Todavia, em todas as outras questões, ela deve esforçar-se por obedecer ao marido, sem prestar atenção aos assuntos da cidade[6] e sem querer interferir em nada do que pareça relacionar-se com o matrimônio dos filhos. De resto, quando chegar o momento de dar ou receber as filhas e os filhos em casamento, também aí deve em tudo obedecer ao marido, com ele refletir e inclinar-se para as decisões que ele tomar, com a consciência de que é menos chocante para um homem intervir nos problemas domésticos que para uma mulher indagar sobre o que fora de casa acontece.

Na verdade, a mulher bem formada[7] deve ter em conta que os costumes[8] do marido lhe foram impostos como lei[9] para a vida, e impostos por um deus, ligados de forma indelével pelo matrimônio e pela sorte[10]: se ela os suportar com paciência e humildade, terá facilidade no governo da casa[11]; caso contrário, será mais difícil[12]. Por isso, não é apenas

---

[5] *Animus.*
[6] *Ciuilia.*
[7] *Composita.*
[8] *Mores.*
[9] *Lex.*
[10] *Fortuna.*
[11] *Regere domum.*
[12] Estas observações têm sua razão de ser num tratado dessa natureza, já que, na *Política* (I.5.1253b6-8), Aristóteles define a *oikonomía* como técnica de gerir recursos e como arte de assegurar o bom funcionamento das relações entre senhor e escravo, marido e mulher, pais e filhos. Na *Grande moral* (I.33.17-18.1194b20-28), exprime-se mesmo a ideia de que, na associação entre marido e mulher, existe uma forma de justiça semelhante à justiça política. No entanto, porque os gregos, como a Antiguidade em geral, parti-

quando o marido goza de prosperidade nas suas iniciativas
e de boa reputação que ela deve mostrar-se em sintonia[13] e
sempre solícita para qualquer serviço, mas também nas adversidades: se em algum projeto lhe faltar a sorte, seja por
doença do corpo ou por ignorância de espírito[14], ela deve
então mostrar sua qualidade, ao dizer-lhe palavras de encorajamento e ao atendê-lo de forma conveniente, desde que
isso não seja vil ou indigno de si mesma; que ela não guarde
memória de alguma falta que o marido contra ela haja cometido, no arrebatamento do espírito[15], que não se queixe
de nada nem lhe atire as coisas à cara, mas tudo isso atribua
à doença, à ignorância e aos erros do momento. Pois, quanto mais atenta for sua diligência nessas ocasiões, maior gratidão lhe terá, quando estiver curado e se libertar da doença; e, se a esposa não obedeceu quando ele lhe ordenou alguma coisa desajustada, muito mais profundo será o reconhecimento, depois de se recuperar da enfermidade. Nessas
circunstâncias, portanto, deve ter cuidado em obedecer, mas
nas outras deve ser mais diligente no serviço do que se tivesse sido comprada como escrava da casa. Na verdade, ela
foi comprada por um preço elevado: para a vida em comum
e para a procriação de filhos[16], e nada há que seja mais importante ou mais sagrado do que isso. Aliás, se uma esposa
experimentou, na vida com o marido, apenas a felicidade,
não pôde ver celebrado o verdadeiro mérito. Pois, se já não
é pouco gozar bem a prosperidade e de forma elevada, a
honra será muito maior quando se tiver suportado igualmente bem a adversidade: de fato, suportar injustiças e do-

---

lhavam a ideia de que a mulher era submissa ao homem, a amizade entre marido e esposa acaba por ser uma relação entre desiguais. Cf. *Ética nicomaqueia*, VIII.8.1158b14-7.

[13] *Vnanimis.*
[14] *Anima.*
[15] *Anima.*
[16] *Societas uitae; procreatio liberorum.*

res inúmeras sem cometer vileza alguma é sinal de força de ânimo[17].

A esposa deve, por conseguinte, orar para que o marido não encontre a adversidade. No entanto, se algum mal o atingir, haverá de ter em conta que é nessas ocasiões que a mulher virtuosa granjeia maior louvor, ao constatar que nem Alceste atrairia para si a glória nem Penélope mereceria tantos e tamanhos elogios se tivessem passado a vida com esposos afortunados[18]. Na verdade, foram as desgraças de Admeto e de Ulisses que lhes garantiram uma fama imortal, pois, no meio da adversidade, mantiveram-se fiéis e leais aos maridos, a ponto de os próprios deuses lhes prestarem honras nada imerecidas. De fato, é fácil encontrar quem deseje partilhar a prosperidade; associar-se, porém, à desgraça não o quer ninguém, a não ser a esposa excelente. Por essa ordem de razões, deve honrar ainda mais o marido e dele não sentir vergonha se, como dizia Orfeu, "o sagrado respeito e a prosperidade, filhos de um espírito empenhado"[19], já não o acompanharem[20].

---

[17] *Animus*. Ideário tradicional, presente, por exemplo, na tradição gnômica, como se pode ver em Diógenes Laércio (I.86), a propósito de Bias, um dos Sete Sábios, para quem a verdadeira infelicidade estava em não ser capaz de suportar a própria infelicidade.

[18] Alceste contava-se entre as filhas de Pélias, rei de Iolcos; era de todas a mais bela e foi a única a não participar no assassínio do pai, preparado pelos sortilégios de Medeia. Depois de casar com Admeto, rei de Feras, vivia com ele em harmonia tal que, para prolongar a existência do marido, se oferecera para morrer em seu lugar. Penélope, esposa de Ulisses, rei de Ítaca e um dos heróis da Guerra de Troia, ficou para a posteridade como símbolo da fidelidade conjugal, pela esperança com que sempre acreditou no regresso do marido e pela forma hábil como soube iludir os pretendentes, através do bem conhecido estratagema da teia que fazia durante o dia para desfazê-la à noite.

[19] *Animositas*.

[20] A lição *Orpheum* aparece na *translatio vetus* do manuscrito A, e concordamos com Van Groningen-Wartelle em que é preferível à lição *Herculem*, atestada na *translatio Durandi*. Orfeu é um poeta e músico de cuja existência real se pode, com justeza, duvidar. Alguns dos poemas que circu-

2. É este, por conseguinte, o caráter das regras e dos costumes[21] que a mulher deve guardar para si. Contudo, são também semelhantes as regras[22] que o marido tem de seguir no trato com a esposa, dado que esta veio para casa do esposo a fim de o acompanhar na sua vida e na dos filhos, e vai deixar descendentes que darão continuidade ao nome dos progenitores (do marido e dela mesma). Haverá desígnio mais sagrado do que esses? Em que cuidará mais um homem de espírito são[23], que não seja em ter filhos de uma esposa nobre e honrada, que, como pastores da velhice[24], venham a ser os guardiães dedicados e discretos do pai e da mãe e os protetores da casa inteira? Na verdade, se tiverem recebido a educação correta do pai e da mãe e um trato rigoroso e justo, hão de tornar-se pessoas de bem, por mérito seu; se não tiverem recebido esse contributo, vão acusar a falta dele: é que, se os pais não derem o exemplo da própria vida aos filhos, estes vão ter, por sua vez, uma desculpa legítima e compreensível. Resta ainda o risco de virem a ser desprezados pelos filhos, por não terem levado uma existência correta, e de sobre si mesmos atraírem a perdição.

Por esses motivos, convém portanto nada negligenciar na formação[25] da esposa, de modo a ficar nas melhores condições para criar filhos, por assim dizer, da própria excelência. Na realidade, o agricultor não se poupa a esforços para

---

lavam sob o seu nome poderão recuar à Época Arcaica, mas a maioria corresponde a composições feitas pelos seus inúmeros seguidores. Orfeu é a figura central de um dos maiores cultos de mistério – o orfismo –, ficando para a posteridade como um dos símbolos mais expressivos das capacidades psicagógicas da poesia.

[21] *Leges; mores.*
[22] *Leges.*
[23] *Sana mens.*
[24] *Senectutis pastores*; cf. Xenofonte (*Econômico*, VII.12), onde, pela boca de Iscômaco, se exprime a expectativa de que os filhos serão a garantia de sustento na velhice. Sobre a importância que a preocupação com a *gerotrophía* tinha, inclusive na atividade legislativa, *vide supra* comentário a I.1343b20-3.
[25] *Doctrina.*

confiar a semente à melhor terra e tratada com o maior cui-
dado, na expectativa de obter assim o fruto mais suculento. No caso de ser necessário, para evitar a sua destruição, está disposto a perecer por ela em luta com os inimigos; e essa forma de morte é merecedora dos maiores elogios. Ora, se estamos dispostos a tamanha dedicação[26] na defesa do alimento corporal, então na mãe e ama dos próprios filhos, que há de receber a semente de uma alma[27], não será de pôr toda a dedicação? Na verdade, é nisso apenas que todo mortal tem a sua parte, em cada geração, na imortalidade[28]. Por isso, continua-se a fazer todas as preces e orações aos deuses ancestrais, e, em consequência, quem despreza esses deveres parece negligenciar também os deuses. Assim, foi por respeito aos deuses, em cuja presença ofereceu sacrifícios e contraiu matrimônio, que ele se comprometeu a honrar a esposa como a ninguém mais, a não ser aos pais[29].

Ora, a maior honra de uma esposa virtuosa consiste em ver que o seu marido observa a castidade e a nenhuma outra mulher dedica mais atenção, mas antes a prefere a todas as outras, por considerá-la sua própria esposa, companheira e digna de confiança. Aliás, ela irá esforçar-se tanto mais por merecer essa deferência: se der conta da fidelidade, da correção e do amor que o marido lhe dedica, também ela própria procurará ser correta e fiel em relação ao marido. Por conseguinte, um homem avisado não deve ignorar nem as honras devidas aos pais nem as que importa dispensar à esposa e aos próprios filhos, de forma que, ao distribuir a cada um o que lhe cabe, agirá com justiça e virtude[30]. O fardo que a toda a

---

[26] *Studium*.
[27] *Anima*.
[28] A mesma ideia já foi desenvolvida antes (supra I.1343b23-25).
[29] O autor deve estar se referindo ao próprio ritual do casamento.
[30] *Iustus et sanctus*. O princípio da justiça enquanto virtude perfeita encontra-se muito difundido entre os socráticos. Aristóteles (*Ética nicomaqueia*, V.3.1129b29-30) ecoa precisamente essa ideia, ao considerar que na observação da justiça *(dikaiosýne)* se encontra reunida toda a virtude *(areté)*.

gente mais custa levar é ver-se privado da honra devida, e nem a abundância de dons alheios será bem aceita por quem ficou sem o que lhe pertencia. Ora, para uma esposa, nada há de mais importante e mais pessoal do que a partilha da honra e da fidelidade[31] com o marido. Por esse motivo, não convém ao homem de bom-senso[32] desperdiçar a semente em qualquer ocasião nem abordar a primeira que aparecer e com ela ter relações íntimas; caso contrário, os filhos ilegítimos e espúrios terão direitos idênticos aos legítimos, a esposa ficará sem a honra devida e a vergonha será, em boa verdade, companheira da sua descendência.

3. Portanto, a todos esses fatores deve o homem prestar atenção. Convém, então, que se acerque da esposa com maneiras honestas, de forma bem contida e respeitosa, com palavras próprias de um relacionamento harmonioso, que sugiram apenas atos legítimos e honestos, com muita delicadeza e confiança no trato, sem se deter em questões triviais e involuntárias. E se, por ignorância, ela incorreu em alguma falta repreenda-a sem lhe infundir receio, mas antes respeito e pudor. Não seja nem esquecido nem rigoroso: esses sentimentos são próprios da meretriz e do seu amante[33], ao passo que a mulher livre deve portar-se junto do próprio marido com respeito e recato, mostrando, a um tempo, amor e receio. De fato, há dois tipos de receio[34]: um, na verdade, faz-se acompanhar de respeito e recato[35], que os filhos bem-educados e virtuosos usam em relação aos pais, os cidadãos bem formados[36] em relação aos governantes benfazejos; já o outro se gera na inimizade e no ódio, como é o caso dos escravos em relação aos senhores e dos cidadãos

---

[31] *Societas honorabilis et fidelis.*
[32] *Sana mens.*
[33] *Adulterus.*
[34] *Timor.*
[35] *Verecundia; pudor.*
[36] *Ciues compositi.*

em relação a tiranos que não respeitam a justiça nem a equidade[37].

Por conseguinte, a partir de todas essas reflexões, o marido deve escolher o melhor caminho a fim de assegurar a concórdia, a lealdade e a devoção da esposa, de maneira que, esteja ele presente ou não, o comportamento dela seja como se o tivesse sempre a seu lado, na medida em que ambos são guardiães de interesses comuns[38]; e, quando o marido estiver ausente, a mulher haverá de sentir que homem algum é melhor, mais delicado, ou a ela mais devotado que o próprio marido. Demonstrará essa atitude desde o início, zelosa sempre do bem comum, ainda que seja noviça nessas matérias; e, se o marido tiver sobre si mesmo um perfeito autodomínio, será então um ótimo guia ao longo de toda a vida e ensinará a mulher a seguir-lhe o exemplo. Homero não quis, de maneira alguma, celebrar a amizade e o receio[39] que não se fizessem acompanhar do recato[40], mas recomenda que se ame sempre com modéstia, recato e com o mesmo receio de Helena, ao dirigir-se a Príamo nestes termos: "inspiras-me, sogro muito amado, receio, reverência e medo"[41], para exprimir simplesmente o próprio afeto à mistura com receio e recato. E, por seu lado, Ulisses diz a Nausícaa o seguinte: "a ti, mulher, muito admiro e temo"[42]. Com efeito, Homero pensa que são esses os sentimentos recíprocos que marido e mulher devem ter, e crê que as coisas andarão bem entre eles se assumirem esse comportamento. De fato, ninguém ama e admira uma pessoa inferior, nem com recato a teme sequer, pois as paixões desse jaez trocam-se, de forma recíproca, entre espíritos nobres e benignos por natureza[43], mas encon-

---

[37] *Ciues ad tyrannos iniuriosos et iniquos.*
[38] *Rerum communium curatores.*
[39] *Timor.*
[40] *Pudor.*
[41] *Ilíada*, III.172.
[42] *Odisseia*, VI.168.
[43] *Natura.*

tram-se também entre espíritos inferiores perante quem eles sabem superiores.

Porque tinha esse sentimento em relação a Penélope, Ulisses nunca a ofendeu durante a sua ausência; Agamêmnon, pelo contrário, por causa de Criseida faltou ao respeito à esposa, ao afirmar, em plena assembleia, que aquela mulher cativa e não de boa linhagem (ou antes, bárbara, para dizer melhor) em nada era inferior às qualidades de Clitemnestra[44]. Não foi correto, sem dúvida, pois tinha filhos dela, nem agiu com justiça ao coabitar com outra. Pois como poderia ser justo se a tinha obrigado havia pouco a ser sua concubina, antes mesmo de saber quais seriam as disposições dela para com ele? Ulisses, porém, quando a filha de Atlas lhe pedia para com ele partilhar o leito e sem cessar lhe prometia a imortalidade, nem a ideia de tornar-se imortal o fez ter a audácia de trair o amor, a dedicação e a fidelidade da esposa, por considerar que o pior dos castigos seria ganhar a imortalidade à custa de uma ação indecorosa[45]. De fato, não anuiu a deitar-se com Circe, a não ser para garantir a salvação dos companheiros[46]. Ainda assim, respondeu-lhe que, a seus olhos, nada era mais doce do que a visão da pátria, por escarpada que fosse, e com maior empenho lhe suplicou que o deixasse rever a mulher mortal e o filho do que lhe conservasse a vida, tal era a convicção com que observava a fidelidade à esposa[47]: em troca, recebeu igual deferência por parte da esposa.

....

[44] *Ilíada*, I.111-15.

[45] A filha de Atlas é Calipso, que recebeu na ilha de Ogígia o náufrago Ulisses e o manteve junto de si durante vários anos; no entanto, apesar da promessa de imortalidade, o herói dos mil artifícios não descansou enquanto não regressou a Ítaca, para encontrar-se com a esposa.

[46] *Odisseia*, X.297; 336-47. Circe era filha de Hélios e de Perse; como tinha poderes de maga e feiticeira, transformou em porcos todos os companheiros de Ulisses (com exceção de Euríloco, que ficara na defensiva a observar). Por conselho de Hermes, Ulisses consegue salvá-los, ao convencer Circe a devolvê-los à forma original.

[47] Talvez, por citar de memória, o autor confunda alguns pormenores da aventura de Circe com a de Calipso; de fato, é com a filha de Atlas que ele usa os argumentos agora referidos. Cf. *Odisseia*, V.215-20.

4. O poeta ilustra ainda, nas palavras de Ulisses a Naus í caa, a honra enorme que tributa à respeitosa ligação[48] de marido e mulher no casamento. De fato, Ulisses pediu aos deuses que concedessem à jovem um marido, um lar[49] e a anelada harmonia de espírito[50] com o marido, orientada para o bem e não para qualquer outro fim. De fato, como ele diz, não existe entre os seres humanos bênção maior do que a sintonia[51] de vontades entre marido e mulher, na forma de conduzir o lar[52]. Por aqui se torna claro, novamente, que a harmonia de espíritos[53] por ele louvada não é a que se gera dos pequenos servilismos recíprocos, mas a que se alia, de forma correta, ao sentimento e à ponderação[54], pois é isso mesmo que significa "conduzir o lar em sintonia de vontades". Acrescenta ainda que, quando se cultiva uma dedicação como esta, ela se torna fonte de grandes tristezas para os inimigos e, para os amigos, de alegrias igualmente grandes[55]. E são eles, antes de mais, quem reconhece a justeza dessas palavras: de fato, quando o marido e a esposa estão de acordo em relação às melhores coisas da vida, necessário se torna que os amigos de cada um também concordem entre si; em consequência, a força que os une torna-os terríveis aos olhos dos inimigos, mas favoráveis aos próprios interesses. No entanto, se reinar a discórdia entre eles, também entre os amigos ela existirá e, como tal, serão os próprios esposos quem mais sentirá essa fraqueza.

---

[48] *Pudica societas*. Cf. *Odisseia*, VI.180-85. No seguimento do parágrafo, o autor procura explorar o conteúdo desses versos.
[49] *Domus*.
[50] *Vnanimitas*.
[51] *Concordes*.
[52] *Domum regere*.
[53] *Vnanimitas*.
[54] *Animus*; *prudentia*.
[55] Ideia muito difundida entre a ética tradicional; e.g. Sólon, frg. 13.3-6 West; Sófocles, *Antígona*, 647.

Por conseguinte, torna-se manifesto que, a partir de todos esses preceitos, o poeta está instruindo os cônjuges no sentido de se absterem mutuamente do que é vil e indecoroso, procurando antes se ajudarem um ao outro, com generosidade, a atingir o que puderem de honesto e honroso. Antes de mais, zelarão por observar os cuidados para com os pais: o marido olhará pelos pais da esposa, como se fossem dele, e a esposa pelos do marido, como se dela fossem. Depois, cuidarão dos filhos, dos amigos, das suas posses e de toda a casa, como um bem que a ambos pertence, lutando um ao lado do outro, a fim de aumentar o patrimônio comum e de se tornar, cada um deles, melhor e mais justo. Esquecerão, portanto, a arrogância, para administrar[56] com sentido de justiça e cultivar uma atitude modesta e tranquila. Assim, ao chegarem à velhice, livres já de obrigações e dos múltiplos cuidados das paixões e dos prazeres que, algumas vezes, se geram na juventude, estarão disponíveis para, em conjunto, responder aos filhos sobre qual dos dois mais contribuiu, na sua função, para aumentar o patrimônio do lar[57]; ficarão sabendo, então, que o mal ficou devendo ao azar da sorte[58] e o bem à sua virtude[59]. Quem nesse domínio sair vencedor, receberá dos deuses a melhor das retribuições, como diz Píndaro[60]:

> *Um coração pleno de doçura*
> *e a esperança, que a vontade inconstante*
> *dos mortais governa.*

A segunda recompensa virá da mão dos filhos: o gosto de, na velhice, deles receber o sustento. Por todas essas ra-

---

[56] *Regere.*
[57] *Domus.*
[58] *Fortuna.*
[59] *Virtus.*
[60] Este fragmento (214 Bergk = 214 Snell) chegou até nós através de Platão, *República*, I.331a.

zões, importa que, tanto em privado como em comunidade[61], tenhamos uma atitude correta para com todos os deuses e humanos, ao longo da vida inteira, dispensando particular atenção à respectiva esposa, aos filhos e aos pais.

---

[61] *Proprie; communiter.*

GLOSSÁRIO*

A. Termos gregos (Livros I-II)

adikeîn: I.1344a8, 9, 12; 44b13; II.1352a25.
adikía: I.1344a12; II.1348b11.
adynamía: I.1344b2.
adýnatos: I.1343b11, 22; 45a10.
agathós: II.1353b21.
agorá: II.1346b19; 47b6, 10.
agoraîos: II.1346a2; 46b19; 47a34; 50a26.
agórasma: II.1352b4, 7.
agorastés: II.1352b6, 12.
agorázein: II.1346b8; 47b12; 49b3, 4, 6; 50a28; 50b11; 52b7, 14.
alétheia: II.1350b2; 52b24.
álogos: I.1343b13.
ámisthos: I.1344b3.

anankaîos: I.1344a23, 27; II.1345b17.
anánke: I.1343b12.
andrápodon: II.1350a13; 52b33, 36; 53a1, 2.
andreía: I.1343b2; 44a2.
andreîos: I.1344b13.
anér: I.1343b27; 44a12; 45a30; II.1347b10; 48a7; 51a26.
anomoiótes: I.1344a18.
ánthropos: I.1343a18, 28; 43b2, 7, 18; 44a24; II.1346a4; 51a20; 51b26, 32.
aporeîn: II.1346b30; 48a35; 48b17; 50a23; 50b19.
aporía: II.1349b3.
áporos: II.1349b23.
ápsykhos: I.1345a29.

....

* Sem ser exaustivo, este glossário apresenta-se como um complemento das notas de rodapé que acompanharam a tradução e onde foram sendo assinalados alguns dos termos gregos e latinos que poderiam ter mais interesse para o estudioso de Aristóteles e da cultura clássica em geral. Adotou-se a forma do infinitivo presente para os verbos; os substantivos e adjetivos (sempre no grau normal) vêm no nominativo. Na edição do tratado, Var. Groningen-Wartelle fornecem um índice de todos os termos, com exceção dos artigos, bem como de algumas conjunções e partículas.

arkhé: I.1343a7.
árkhein: I.1343a4; 44b3;
  II.1348a35; 51a20; 51b29.
areté: I.1344b6; 45a12.
argía: I.1344b8.
áristos: I.1345a5.
arithmós: I.1343b25.
ásemos: II.1351a13.
astós: I.1345a30; II.1346b27, 28.
atelés: II.1349b8, 9.
atimázein: II.1353a12.
átokos: II.1350a11.
aútarkes: I.1343a11.

basíleios: II.1352a11.
basileús: II.1348a4, 6, 13, 30;
  50b33; 51a6; 52a29; 53a27.
basilikós: II.1345b13, 15, 19;
  48a24; 53a25.

daímon: II.1353b21.
dékatos: II.1345b33; 46a3; 46b2;
  51a5, 12; 52b28, 32.
dêmos: II.1347a20; 47b32.
demósios: II.1346b13, 18; 47a5;
  47b36.
diagogé: II.1346a7.
díkaios: I.1343a28; 44b15;
  II.1345b10; 47b29; 49b18.
dikastérion: II.1348b11.
dikázein: II.1348b12.
díke: II.1348b10, 14.
dioikeîn: II.1346a27; 48b4; 50b4.
dioíkesis: II.1350a7.
dýnamis: I.1343b28; 44b10.
dýnasthai: I.1343b4, 5, 22, 23, 25;
  44a3; II.1345b20, 35; 47a21;
  47b21; 48b23; 49b31; 50a22, 34;
  50b17; 52a19, 28; 52b3; 53a9.
dynatós: I.1343a11; 44b23;
  II.1346a20, 22.

eîdos: I.1343b25; 44a26; 44b22;
  II.1345b20, 29.

eiságein: II.1352b28.
eisagógimos: II.1345b21, 24.
eleuthería: I.1344b16.
eleuthérios: I.1344a28, 30.
eleútheros: I.1343a22; 44a32, 33;
  44b20; 45a30.
émpsykhos: I.1343a19; 43b13, 15,
  18, 23; 44a21; 44b10, 19, 33;
  45a7, 8, 17, 19, 29, 33; 45b2.
énktesis: II.1347a2.
epikarpía: I.1345a18; II.1346a3;
  48a23, 25.
epikephálaios: II.1346a4; 48a32.
epitímios: II.1348b14; 49b39;
  50a3; 51b35.
epoikonomeîn: II.1346a14 (*crit.*).
ergasía: I.1344a3; 44b29; II.51a11.
ergátes: I.1344a26, 31.
érgon: I.1343a16, 17; 44a28, 35;
  44b1, 2, 9, 12; 45a7, 35.
éthnos: I.1344a33.
éthos: I.1344a17, 18, 19.
eúlogos: II.1347b25.95
eúnoia: I.1343b17.
euporeîn: II.1347b2, 4; 48a3, 7;
  49a33; 50b6, 14; 51a22.
euporía: II.1350a35.
eúporos: II.1348a6, 9; 48b27;
  49b23; 50a18; 51b22; 52a1.
exágein: II.1348b34 (*crit.*); 52a20,
  21.
exagogé: II.1348b34; 49a1; 52a18,
  20.
exagógimos: II.1345b21, 24.

gameîn: I.1344a17.
gê: I.1343a26; 43b2; II.1345b29,
  32; 46a1, 12; 50a8; 51a20.
génesis: I.1343a15; 44a6.
génos: I.1344b12.
georgikós: I.1343a26, 27.
georgós: II.1349a5.
géras: I.1343b23.

gyné: I.1343a21, 23; 43b7, 27; 44a8, 12; 45a6, 30; II.1349a10, 16, 17, 23.

hesykhía: I.1344a5; II.1350b3; 53b6.
hierosylía: II.1349a20.
historía: II.1346a29.
homilía: I.1343a23; 44a13, 22, 29.
hýbris: I.1344a36.
hybristés: I.1344a32.
hybrízein: I.1344a29.
hygíeia: I.1345a16, 26, 31.
hypárkhein: I.1343a8, 21; 43b14; 44b26; II.1348b35.
hýparkhos: II.1348a18.
hypertímios: II.1352b7.
hypothéke: II.1348b21.
hypotimân: II.1347a22; 53a12.

ídios: I.1344a7; II.1345b30, 34; 46a6; 52a6; 52b23, 31; 53a23.
idiótes: II.1347b1, 23; 48b18, 28, 36; 50a15; 53a16; 53b9, 17.
idiotikós: II.1345b14, 16; 46a8; 46b16.

kairós: II.1349b10.
kakía: I.1344b6.
kalós: I.1343a8, 24; 45a9, 12; II.1347b8; 49a2.
kapeleía: I.1343a29.
kápelos: II.1350b31.
kerdaínein: II.1350a10.
kharaktér: II.1347a10; 49b31.
kháris: I.1343b15.
khoragós: II.1351b37.
khoregeîn: II.1347a11.
khorós: II.1353b17.
khré: I.1344b15, 23; 45a1, 13; 45b2.
khreía: II.1347a31; 48b29; 51b10; 53a20; 53b9.

khréma: I.1343a10 (*crit.*); 44b23; II.1346a27; 46b13, 28, 30; 47a7, 18, 25, 31; 47b2, 4, 16, 27, 33, 34, 36; 48a11, 14, 16, 34, 35; 48b2, 5, 16, 17, 33; 49a9, 14, 25, 27; 49b1, 14, [15], 17, 20, 24, 28; 50a9, 11, 12, 15; 50b1, 3, 6, 20, 34; 51a2, 19, 23, 24, 30; 51b2, 6, 20, 37; 52a13, 34; 52b1, 23, 27; 53a14.
khrematismós: II.1353b14.
khréos: II.1347b35; 48b30.
khrésimos: I.1343b28; 44b32; 45a17, 19, 34; II.1353b18.
khrêsis: I.1345a21.
khrestéon: II.1346a20.
khrestikós: I.1344b26.
khrónos: I.1344b17; 45a23; II. 1346b14, 31; 47b6, 26; 48a20, 22; 48b10, 12; 49a23; 50a11; 50b18, 29; 51b5, 15; 53b16.
kínesis: I.1344a5.
koinonía: I.1343a12; 43b8, 13, 27.
koinós: I.1344a6, 10; II.1352b23.
krísis: II.1348b13.

leitourgeîn: II.1347a14.
leitourgía: I.1343b20; II.1347a12; 52a4.
lógos: I.1344b9, 10; II.1347b26; 48a36; 48b26, 27; 52b11.

metoikízein: II.1352a33; 52b3.
métoikos: II.1347a1; 47b22; 49a4.
métrios: II.1347a13; 52a18.
métron: II.1350b9.
mimeîsthai: I.1344b9; 45a9.
misthós: I.1344b4; II.1347b9, 14, 21; 48b23; 50a32; 50b3, 6, 27; 51b12; 53b7, 8, 11.
misthoûn: II.1348b20.
monarkhía: I.1343a4.

nómisma: II.1345b21, 22, 27, 28;
47a8; 48b25; 49a33, 34; 46b24;
50b17; 51b23.
nómos: I.1344a8, 10; II.1346b26;
47b35; 48b33; 49a9; 52b27, 33;
53a25.

oikonomeîn: I.1343a23; II.1345b7;
46a10.
oikonomía: I.1344b32, 33; 45a7,
12, 17, 34; II.1345b11; 46a14;
46a25.
oikonomikós: I.1343a1, 4, 8, 15,
17; 44a24.
oikonómos: I.1344b22.
ophéleia: I.1343b21; 44a6.
ophélimos: I.1345a12.
ousía: I.1343a14; II.1347a20.

paideía: I.1344a27.
paideúein: I.1344a7.
patriotikós: II.1346b15.
philosophía: I.1345a17.
phobeîn: II.1348a10.
phóbos: I.1344a1.
phrónimos: I.1343b16.
phygadeúein: II.1347b34.
phygás: II.1346b7, 9, 11.
phylárkhein: II.1347a11.
phýsis: I.1343a19, 25, 26, 30; 43b8,
10, 14, 20 (*crit.*), 21, 24, 26;
II.1345b9.
plesiázein: I.1344a20.
plêthos: I.1343a10; 44a31;
II.1350b35; 51a22; 51b2; 52b1,
22.
ploúsios: II.1347b32; 51b2.
polemeîn: II.1350a11, 23, 30.
polemikós: I.1343a30.
polémios: I.1343b5; II.1347b11;
50b17.
pólemos: II.1347a19; 48b11;
49b20; 51a6.

pólis: I.1343a2, 7, 10, 16; 44b19;
45a15; II.1346a19, 32; 47a25;
47b2, 20, 23, 29; 48a1, 2, 12;
48b4, 19, 27, 29, 35; 49a11, 26;
50a8, 14; 51b27, 29; 52a29;
53a17.
polítes: II.1346b27, 29; 47b22;
48b9; 49a27, 31; 49b1, 6, 11, 27;
51a26; 51b4.
politikós: I.1343a1, 3, 7, 15;
II.1345b14, 15; 46a5.
psephízein: II.1346b28; 47a2;
47b17, 33, 36; 48b18, 35; 49a5,
35; 50a13.

satrapeía: II.1346a18.
satrápes: II.1345b25; 52b29; 53a3,
25.
satrapeúein: II.1351b36; 52a9, 16.
satrapikós: II.1345b13, 28.
sitodeía: II.1346b29; 48b17.
sîtos: II.1347b5; 48b21, 34, 35, 36;
50b9; 51a8, 21; 52a18, 20, 21;
52b14, 19.
sotería: I.1345a35.
sóizein: I.1344a3; 45a24;
II.1348a16.
stasiasmós: II.1349a3.
stasiázein: II.1347b31.
stásis: II.1348a36; 48b1.
synergía: I.1343b17.
synergós: I.1343b19.
synousía: I.1344a12.

tamía: II.1347b10.
taxíarkhos: II.1350b10.
tekhnázein: II.1350b19.
tékhne: I.1343a5.
tekhnikós: II.1346a27.
tekhnítes: II.1350b30; 52b31.
teknopoiía: I.1343b15; 44b18.
teleîn: II.1346b32; 52b35.
télos: I.1344b15; II.1345b30; 46a2;
49b11; 50a7, 8; 52a20, 22.

thaumatopoiós: II.1346b21.
theîos: I.1343b26.
thêlys: I.1343b8, 11, 12, 19;
    II.1349b14; 50a13.
theós: II.1348a17; 49a19, 21, 22;
    52a24, 27.
thiasótes: II.1346b17.
thiasotikós: II.1346b15.
thýein: II.1349a21; 49b14.
timân: II.1347a23; 49b10.
timé: I.1344a30; II.1346b33; 47a9;
    47b1, 7; 48b22, 36; 49a2; 49b5;
    51a9; 52b14, 19, 36; 53a4, 18.
tímema: II.1347a13.
tímios: II.1345a23.
tókos: II.1346b32; 48a2; 48b19, 23,
    31; 51b11.
tragoidós: I.1344a21.
tréphein: I.1344a7, 28; II.1348a21,
    22; 49b7.
trierarkheîn: II.1347a11.
triéres: II.1347a32; 49a24.
trophé: I.1343a22; 43b1; 44a31,
    35, 36; 44b1, 3, 4, 8, 10;
    II.1349a1.

xenología: II.1353b11.
xénos: I.1345a30; II.1347b20;
    49b24.

zên (*eû*): I.1343a11.
zóion: I.1343b11, 13.

B. Termos latinos (Livro III)

aduersitas: 141.13; 142.2, 5, 10, 13.
adulter: 144.23.
aegritudo: 141.14, 19, 22.
aequaliter: 144.24; 146.12.
anima: 140.9, 18 (*crit.*); 141.15,
    17; 143.18.

animositas: 142.16.
animus: 140.18; 142.4; 146.20.

barbarus: 145.26.
bene: 140.17 (*crit.*); 141.23; 142.1,
    2; 143.10, 14; 144.18; 145.18, 27.
bonus: 140.6; 143.6; 145.8, 25;
    146.16, 17; 147.9, 15, 17.

castitas: 143.26.
ciuilis: 141.1.
ciuis: 144.27; 145.1.
ciuitas: 140.14.
communis: 143.21 (*crit.*); 145.5, 8;
    147.8, 9.
communiter: 147.20.
composite: 140.20.
compositus: 141.7; 144.27.
concordare: 146.26.
concorditer: 146.25.
concors: 145.3; 146.18.
curator: 145.5.
custodire: 142.18.
custos: 143.4.

daemon: 141.8 (*crit.*).
deus: 141.8; 142.12; 143.22, 23
    (*bis*); 146.15; 147.17, 21.
discordare: 146.28.
diuinus: 141.28 (*crit.*); 143.1
    (*crit.*).
diuitiae: 142.16 (*crit.*).
docere: 145.10.
doctrina: 143.11.

feliciter: 147.19.
felix: 141.29; 142.9.
fidelis: 142.11; 143.28; 144.3, 10;
    145.3.
fideliter: 144.2.
fides: 144.19; 146.6, 11.
fortuna: 141.9; 147.16.

genitor: 142.21.
gubernare: 147.19.

homo: 144.10; 146.17; 147.21.
honestas: 144.16.
honestus: 140.17; 143.26 (*crit.*); 144.18, 26.
honor: 143.25; 144.4, 7, 14.
honorabilis: 144.10.
honorare: 142.3, 12, 15; 143.17; 145.11; 146.14.
humilis: 147.11.
humiliter: 141.9; 142.2.

ignorantia: 141.14, 19; 144.20.
ignorare: 144.4.
impudicus: 147.3.
inanimare: 140.20.
inimicitia: 144.27.
inimicus: 146.23, 27.
iniquus: 144.13; 145.2.
iniuria: 142.3.
iniuriosus: 145.2.
iuste: 143.6; 144.2, 3; 145.27; 146.1, 21; 147.21.

lex: 140.7, 14; 141.8; 142.18, 19.

mater: 143.4, 5, 19.
meretrix: 144.22.
metuere: 145.14.
metus: 144.21.
modestia: 140.16; 144.17, 18; 145.12.
modestus: 145.7.
mulier: 140.6, 9, 16, 20; 141.6, 7, 23; 142.7, 14, 17; 143.2, 26, 27; 144.1, 24; 145.16, 25.

natura: 145.16; 146.13.
necesse: 146.26.

odium: 145.1.

opes: 142.16.
oportet: 140.6; 142.18.

parentes: 143.8, 25; 144.4; 147.5, 22.
pater: 143.4, 5; 144.26.
paternus: 143.22.
patria: 146.9
peccare: 141.18; 145.24.
peccatum: 141.20; 144.20.
poena: 146.6.
pudicitia: 142.16.
pudicus: 143.3; 146.14; 147.4.
pudor: 144.21, 23, 26; 145.11, 13, 16, 20.

recte: 143.5; 147.11.
rector: 144.27; 145.10; 147.15.
regere: 141.10; 146.18, 21; 147.11.

saluatores: 143.4 (*crit.*).
salus: 146.8.
sancte: 143.5.
sanctus: 141.28; 143.1; 144.6.
sanitas: 142.16 (*crit.*).
sanus: 143.2; 144.4 (*crit.*), 11.
sapienter: 141.9 (*crit.*).
semen: 143.14, 18; 144.11, 12.
senectus: 140.19; 143.3; 147.12, 20.
societas: 141.27; 144.10; 146.14.
socius: 142.20.
superbia: 147.11.

timere: 140.8; 141.25; 144.24; 145.13, 17, 20.
timor: 143.9; 144.17, 25; 145.11, 15.
tyrannus: 145.1.

uerbum: 140.9; 144.17.
uir: 140.8, 11, 13, 21, 22; 141.4, 5, 7, 11, 17, 29; 142.5, 9, 11, 15, 19, 20, 21; 143.1, 26; 144.2, 3, 9, 15,

24; 145.4, 5, 6, 7, 18; 146.14, 15, 16, 18, 25; 147.5, 7.
uirtus: 140.16; 147.16.
uita: 140.17; 141.8, 27; 142.20; 143.7; 145.10; 147.22.
uiuere: 141.29; 142.9; 143.10; 146.11.

unanimis: 141.12.
unanimitas: 146.16, 19.
uoluntas: 146.18, 21; 147.19.
uoluptas: 147.13.
uxor: 143.11, 24, 25; 144.5, 9, 14, 16; 145.3, 6, 10, 18, 24; 146.5, 10, 11, 12, 14, 18, 25; 147.6, 7, 22.

ÍNDICE ONOMÁSTICO

Abidos (habitantes de): II.1349a3.
Admeto: III.142.10.
Agamêmnon: III.145.23.
Alceste: III.142.7.
Alexandre: II.1352a28; 52b26.
Alexandria (natural de):
    II.1352a16.
Amisos: II.1350b27, 28.
Antímenes: II.1352b26; 53a24.
Antissa: II.1347a25.
Aristóteles (de Rodes):
    II.1348a35.
Artabazo: II.1351b20.
Atena: II.1347a15.
Atenienses: II.1347a8, 18; 53a15.
Ática: I.1344b31.
Atlas: III.146.3.
Atribis: II.1353a6.

Babilônia: II.1352b27.
Bizâncio (habitantes de):
    II.1346b13.
Bósforo: II.1347b4.

Cábrias: II.1350b33; 53a19.
Calcedônios: II.1347b20.
Calístrato: II.1350a16.

Canopo: II.1352a30, 31.
Cária: II.1348a4; 51b36.
Caridemo: II.1351b19, 22.
Cários: II.1352a1.
Cartagineses: I.1344a33.
Cípselo: II.1346a31.
Circe: III.146.7.
Cízico (cidadãos de): II.1347b31.
Clazômenas (habitantes de): II.
    1348b17.
Cleômenes: II.1352a16; 52b12,
    13; 53b1.
Clitemnestra: III.145.26.
Côndalo: II.1348a18.
Corcira: II.1350a30.
Coríntios: II.1346a32; 46b5.
Corinto (Cípselo de): II.1346a31.
Cótis: II.1351a18, 24, 29.
Criseida: III.145.24.

Datames: II.1350b16.
Deméter: II.1349a15.
Díon: I.1344b35.
Dionísias (celebração das):
    II.1347a26; 51b37.
Dionísio: I.1344b35; II.1349a14;
    53b20.
Diónisos: II.1347a29.

Efésios: II.1349a9.
Egípcios: II.1350b33.
Egito: II.1352a9, 16, 17.
Eólida: II.1351b19.
Estatélbio: II.1353b8.
Evaises: II.1352a9.

Faros (ilha de): II.1352a30.
Filóxeno: II.1351b36.
Foceia: II.1348a35; (habitantes de): 48a36.

Hélade: II.1348a33.
Helena: III.145.13.
Heracleia (habitantes de): II.1347b3.
Hérmias: II.1351a33, 35.
Hesíodo: I.1343a20; 44a16.
Hípias: II.1347a4.
Homero: III.145.12, 17.

Ifícrates: II.1351a18.

Lacedemônios: II.1347b16.
Lâmpsaco: II.1351b1; (habitantes de): 47a32.
Láurion: II.1353a16.
Leucótea: II.1349b34.
Lícios: II.1348a29.
Lígdamis: II.1346b7.

Macedônia: II.1350a16; 51b36.
Mausolo: II.1348a4, 18, 31.
Mêmnon: II.1351b1.
Mende (habitantes de): II.1350a6.
Mentor: II.1351a33.
Milassa (habitantes de): II.1348a12, 14.

Nausícaa: III.145.16; 146.13.
Naxos: II.1346b7.

Ófelas: II.1353a5.
Olintos: II.1353a5, 12, 23.
Óreos (Caridemo de): II.1351b19.
Orfeu: III.142.17.

Penélope: III.142.8; 145.23.
Períntios: II.1351a25.
Perintos (habitantes de): II.1351a24.
Píndaro: III.147.18.
Pitagóricos: I.1344a10.
Pítocles: II.1353a15.
Ponto: II.1346b31; 47b25.
Potideia: II.1347a18.
Príamo: III.145.13.

Quios: II.1347b35.

Région: II.1349b17; (habitantes de): 49b22.
Rodes: II.1348a35; 51a33; 51b1; 52b26.

Sâmios: II.1347b16, 19; 50b6.
Samos: II.1350b4.
Selímbria (habitantes de): II.1348b33.
Siracusa (Dionísio de): II.1349a14.
Siracusanos: II.1349b4.
Sosípolis: II.1347a25.

Taos: II.1350b33; 53a[20].
Timóteo: II.1350a23; 50b2.
Tirrênia: II.1349b33.

Ulisses: III.142.10; 145.16, 23; 146.3, 13.

Zeus: II.1346a31.

Coleção Obras de Aristóteles

Projeto promovido e coordenado pelo Centro de Filosofia da Universidade de Lisboa em colaboração com os Centros de Filosofia e de Estudos Clássicos da Universidade de Lisboa, o Instituto David Lopes de Estudos Árabes e Islâmicos e os Centros de Linguagem, Interpretação e Filosofia e de Estudos Clássicos e Humanísticos da Universidade de Coimbra. Este projeto foi subsidiado pela Fundação para a Ciência e a Tecnologia.

COLABORADORES

I. Coordenador

António Pedro Mesquita (Centro de Filosofia da Universidade de Lisboa).

II. Pesquisadores

Abel do Nascimento Pena, doutor em Filologia Clássica, professor auxiliar do Departamento de Estudos Clássicos da Faculdade de Letras da Universidade de Lisboa e pesquisador do Centro de Estudos Clássicos da Universidade de Lisboa.

Adriana Nogueira, doutora em Filologia Clássica, professora auxiliar do Departamento de Letras Clássicas e Modernas da Faculdade de Ciências Humanas e Sociais da Universidade do Algarve e pesquisadora do Centro de Estudos Clássicos da Universidade de Lisboa.

Ana Alexandra Alves de Sousa, doutora em Filologia Clássica, professora auxiliar do Departamento de Estudos Clássicos da Faculdade de Letras da Universidade de Lisboa e pesquisadora do Centro de Estudos Clássicos da Universidade de Lisboa.

Ana Maria Lóio, licenciada em Estudos Clássicos pela Universidade de Lisboa.

António Campelo Amaral, mestre em Filosofia, assistente do Departamento de Filosofia da Faculdade de Ciências Humanas da Universidade Católica Portuguesa.

António Manuel Martins, doutor em Filosofia, professor catedrático do Instituto de Estudos Filosóficos da Faculdade de Letras da Universidade de Coimbra e diretor do Centro de Linguagem, Interpretação e Filosofia da Universidade de Coimbra.

António Manuel Rebelo, doutor em Filologia Clássica, professor associado do Instituto de Estudos Clássicos da Faculdade de Letras da Universidade de Coimbra e pesquisador do Centro de Estudos Clássicos e Humanísticos da Universidade de Coimbra.

António Pedro Mesquita, doutor em Filosofia, professor auxiliar do Departamento de Filosofia da Faculdade de Letras da Universidade de Lisboa e pesquisador do Centro de Filosofia da Universidade de Lisboa.

Carlos Silva, licenciado em Filosofia, professor associado convidado do Departamento de Filosofia da Faculdade de Ciências Humanas da Universidade Católica Portuguesa.

Carmen Soares, doutora em Filologia Clássica, professora associada do Instituto de Estudos Clássicos da Faculdade de Letras da Universidade de Coimbra e pesquisadora do Centro de Estudos Clássicos e Humanísticos da Universidade de Coimbra.

Delfim Leão, doutor em Filologia Clássica, professor catedrático do Instituto de Estudos Clássicos da Faculdade de Letras da Universidade de Coimbra e pesquisador do Centro de Estudos Clássicos e Humanísticos da Universidade de Coimbra.

Francisco Chorão, mestre em Filosofia, pesquisador do Centro de Filosofia da Universidade de Lisboa.

Hiteshkumar Parmar, licenciado em Estudos Clássicos pela Universidade de Lisboa.

José Pedro Serra, doutor em Filologia Clássica, professor auxiliar do Departamento de Estudos Clássicos da Faculdade de Letras da Universidade de Lisboa e pesquisador do Centro de Estudos Clássicos da Universidade de Lisboa.

José Segurado e Campos, doutor em Filologia Clássica, professor catedrático jubilado do Departamento de Estudos Clássicos da Faculdade de Letras da Universidade de Lisboa e pesquisador do Centro de Estudos Clássicos da Universidade de Lisboa.

Manuel Alexandre Júnior, doutor em Filologia Clássica, professor catedrático do Departamento de Estudos Clássicos da Faculdade de Letras da Universidade de Lisboa e pesquisador do Centro de Estudos Clássicos da Universidade de Lisboa.

Maria de Fátima Sousa e Silva, doutora em Filologia Clássica, professora catedrática do Instituto de Estudos Clássicos da Faculdade de Letras da Universidade de Coimbra e pesquisadora do Centro de Estudos Clássicos e Humanísticos da Universidade de Coimbra.

Maria do Céu Fialho, doutora em Filologia Clássica, professora catedrática do Instituto de Estudos Clássicos da Faculdade de Letras da Universidade de Coimbra e diretora do Centro de Estudos Clássicos e Humanísticos da Universidade de Coimbra.

Maria José Vaz Pinto, doutora em Filosofia, professora auxiliar do Departamento de Filosofia da Faculdade de Ciências Sociais e Humanas da Universidade Nova de Lisboa e pesquisadora do Instituto de Filosofia da Linguagem da Universidade Nova de Lisboa.

Paulo Farmhouse Alberto, doutor em Filologia Clássica, professor auxiliar do Departamento de Estudos Clássicos da Faculdade de Letras da Universidade de Lisboa e pesquisador do Centro de Estudos Clássicos da Universidade de Lisboa.

Pedro Falcão, licenciado em Estudos Clássicos pela Universidade de Lisboa.

Ricardo Santos, doutor em Filosofia, pesquisador do Instituto de Filosofia da Linguagem da Universidade Nova de Lisboa.

III. Consultores científicos

1. Filosofia

José Barata-Moura, professor catedrático do Departamento de Filosofia da Faculdade de Letras da Universidade de Lisboa.

2. Filosofia Antiga

José Gabriel Trindade Santos, professor catedrático do Departamento de Filosofia da Faculdade de Letras da Universidade de Lisboa e pesquisador do Centro de Filosofia da Universidade de Lisboa.

3. Língua e Cultura Clássica

Maria Helena da Rocha Pereira, professora catedrática jubilada do Instituto de Estudos Clássicos da Faculdade de Letras da Universidade de Coimbra e pesquisadora do Centro de Estudos Clássicos e Humanísticos da Universidade de Coimbra.

4. História e Sociedade Gregas

José Ribeiro Ferreira, professor catedrático do Instituto de Estudos Clássicos da Faculdade de Letras da Universidade de Coimbra e pesquisador do Centro de Estudos Clássicos e Humanísticos da Universidade de Coimbra.

5. Língua e Cultura Árabe

António Dias Farinha, professor catedrático do Departamento de História da Faculdade de Letras da Universidade de Lisboa e diretor do Instituto David Lopes de Estudos Árabes e Islâmicos.

6. Lógica

João Branquinho, professor associado com agregação do Departamento de Filosofia da Faculdade de Letras da Universidade de Lisboa e pesquisador do Centro de Filosofia da Universidade de Lisboa.

7. Biologia e História da Biologia

Carlos Almaça, professor catedrático jubilado do Departamento de Biologia da Faculdade de Ciências da Universidade de Lisboa.

8. Teoria Jurídico-Constitucional e Filosofia do Direito

José de Sousa e Brito, juiz jubilado do Tribunal Constitucional e professor convidado da Faculdade de Direito da Universidade Nova de Lisboa.

9. Aristotelismo Tardio

Mário Santiago de Carvalho, doutor em Filosofia, professor catedrático do Instituto de Estudos Filosóficos da Faculdade de Letras da Universidade de Coimbra e pesquisador do Centro de Linguagem, Interpretação e Filosofia da Universidade de Coimbra.

Plano da edição

PARTE I: TRATADOS CONSERVADOS

Volume I: Lógica
Tomo 1
Introdução geral
Tomo 2
Categorias
Da interpretação
Tomo 3
Primeiros analíticos
Tomo 4
Segundos analíticos
Tomo 5
Tópicos
Tomo 6
Refutações sofísticas

Volume II: Física
Tomo 1
Física
Tomo 2
Sobre o céu
Tomo 3
Sobre a geração e a corrupção
Tomo 4
Metereológicos

Volume III: Psicologia
Tomo 1
Sobre a alma
Tomo 2
Sobre a sensação (= *Parva Naturalia* 1)
Sobre a memória (= *Parva Naturalia* 2)
Sobre o sono e a vigília (= *Parva Naturalia* 3)
Sobre os sonhos (= *Parva Naturalia* 4)
Sobre a predição pelos sonhos (= *Parva Naturalia* 5)
Sobre a longevidade e a brevidade da vida (= *Parva Naturalia* 6)
Sobre a juventude e a velhice (= *Parva Naturalia* 7)
Sobre a respiração (= *Parva Naturalia* 8)

VOLUME IV: BIOLOGIA
Tomo 1
História dos animais I-VI
Tomo 2
História dos animais VII-X
Tomo 3
Partes dos animais
Tomo 4
Movimento dos animais
Progressão dos animais
Tomo 5
Geração dos animais

VOLUME V: METAFÍSICA
Tomo 1
Metafísica
Tomo 2
Metafísica
Tomo 3
Metafísica

VOLUME VI: ÉTICA
Tomo 1
Ética a Nicômaco
Tomo 2
Grande moral
Tomo 3
Ética a Eudemo

VOLUME VII: POLÍTICA
Tomo 1
Política
Tomo 2
Econômicos
Tomo 3
Constituição dos atenienses

VOLUME VIII: RETÓRICA E POÉTICA
Tomo 1
Retórica
Tomo 2
Poética

Volume IX: Espúrios
Tomo 1
Sobre o universo
Sobre o alento [= *Parva Naturalia* 9]
Tomo 2
Sobre as cores
Sobre aquilo que se ouve
Fisiognomônicos
Sobre as plantas
Sobre os prodígios escutados
Tomo 3
[Problemas] Mecânicos
Tomo 4
Problemas [Físicos]
Tomo 5
Sobre as linhas indivisíveis
Sobre os lugares e nomes dos ventos
Sobre Melisso, Xenófanes e Górgias
Virtudes e vícios
Retórica a Alexandre

PARTE II: OBRAS FRAGMENTÁRIAS

Volume X: Autênticos
Tomo 1
Diálogos e obras exortativas
Tomo 2
Tratados, monografias, recolhas e textos privados

Volume XI: Espúrios e Duvidosos
Tomo 1
Medicina
Apologia contra Eurimedonte a propósito da acusação de impiedade
Agricultura
Mágico
Tomo 2
Epítome da arte de Teodectes
Sobre a filosofia de Arquitas
Problemas físicos em 38 (68) (78) livros
Sobre as cheias do Nilo

PARTE III: APÓCRIFOS

VOLUME XII: LÓGICA, FÍSICA E METAFÍSICA
TOMO 1
Divisões [pseudo]aristotélicas
Problemas inéditos [de medicina]
Sobre a pedra
TOMO 2
Livro da causa
Livro da maçã

VOLUME XIII: TEOLOGIA
TOMO 1
Segredo dos segredos
TOMO 2
Teologia

PARTE IV: BIBLIOGRAFIA E ÍNDICES

VOLUME XIV
TOMO 1
Bibliografia geral
TOMO 2
Índices